JN193192

ストする中国

非正規労働者の闘いと証言

Hao Ren 郝仁 編

レイバーネット日本 国際部 訳編　石井知章 解説

彩流社

CHINA ON STRIKE by Hao Ren
Copyright © 2016 Hao Ren
Japanese translation published by arrangement with
Haymarket Books c/o Roam Agency
through The English Agency (Japan) Ltd.

はしがき

郝仁《ハオレン》

ここ数十年の資本主義の復活に伴い、中国の労働運動はますます活発化してきている。これまでも、国営企業でのリストラに対する労働者の闘いはあったが、沿海部に位置する民間企業での労働者の抗議活動も、その規模、頻度、継続期間がこのところ劇的に増大してきている。

争議行動の増大は間違いなく資本側を脅かしており、とりわけストライキは中国国内で大きな注目を集めている。当局による検閲の程度は時によって異なるので、マスコミは皆ストライキを報道し、NGOや研究者は、ストを研究するばかりか支援さえするようになった。しかし、研究の多くはたんに労働者に共感したり、労使関係の「調和」を維持するよう政府に提案するだけだ。またインテリがこれに便乗し、自分の評判を高めようと利用する傾向も見られた。その結果、労働者とほとんど接触のない人たちがストライキをめぐって議論するばかりで、労働者の声はほとんど聴き取れていない。労働者の視点からの争議報告はほとんどないし、ましてやストライキがどのように組織されたかについての記録や資料、ストライキの教訓の分析などがないのは驚くにあたいしない。

そこで、編者である私たちは２０１０年から12年にかけて個別のインタビューを行い、抗議活動の体験談を記録した。本書では、ストライキの原因、過程、結果、そしてその波及効果を労働者自身の言葉で語ることに力点を置いている。インタビューの記録は不明確な部分のみの編集追記にとどめている。

本書は3部からなる。第Ⅰ部は工場閉鎖やロックアウトに対する労働者の闘い、第Ⅱ部は賃金引き下げに対する闘い、第Ⅲ部は賃金引き上げの闘いについて語っている。第Ⅰ部は2章、第Ⅲ部は3章しかないのに、第Ⅱ部は10章もあるのは「バランスが取れてない」と、読者は感じるかも知れない。しかし、この不均衡な構造は事実の反映である。過去20年間、ほとんど毎日のようにストライキが勃発したが、その集団的抗議の主要な目的は、賃金引き下げであった。

元々このインタビューは、発表するための記録ではない。また、特定の制約もあり、インタビュー対象の労働者を学術的に「選定」することはできなかった。本書を出版するにあたっては、多くの限界があった。たとえば、代表的な争議が取り上げられていないとか、章立てが粗雑であるとかだ。しかし、多くの読者、とりわけ労働者がここに集められた体験談に関心を持ち、そこから勇気づけられることを期待する。また多くの人々がこのプロジェクトに参加して、労働者の抗議活動の体験や考察を発表したり記録することによって、さらなるインタビュー集めに協力をお願いしたい。

労働者と連絡を取り、インタビューを記録し、大量の資料の編集作業に協力してくれた友人たちの支えがあって初めて、本書の出版にこぎつけた。みなさんに感謝したい。みな、生活のために工場で働きつつ調査を行なったため、時間と資財は限られていた。労働者の体験談を記録し共有化するには、これまでも、また今後も調査対象者を探してインタビューに立ち会い、その文章化を手伝ってくれるボランティアが不可欠である。

私たちは、中国労働者のオーラル・ヒストリーを今後も出版する予定である。あらゆる支援・協力をお願いしたい。さらに詳しい情報については、ghqting@gmail.com に連絡していただきたい。

（2011年9月4日）

もくじ◉ストする中国

・カバー写真＝（表・裏ともに）２０１０年5月17日、広東省仏山市にある日系企業・南海ホンダで、賃上げを求めてストライキに立ち上がる労働者たち。

凡例

・本書は、中国語で書かれた『珠三角抗争工人口述集』（2011年刊行）を英訳した“China on Strike”（2016年刊行）を原典としている。

・文中の〔〕は日本語訳者による注である。

・日本語読者のための読みやすさと全体のバランスを考慮し、一部、翻訳を省略した。

・中国語のルビは普通話《プートンホワ》（中国の標準語）で示した。

序

1990年代以降の労働者の生存をかけた集団闘争
——中国沿海部の民間企業において

（秦嶺《チンリン》）

農民工の流入

中国の資本主義は、一夜にして復活したのではない。市場改革は農村地域で始まり、〔人民公社にかわり農村の家族を経済的生産の基本組織とする〕「家族営農請負制」とともに次第に広がっていった。大部分の農家が1980年代初期までに各自の農地を受け取った。農民が、自分の農地を受け取ろうとする意欲が高まり、灌漑《かんがい》設備建設、化学肥料・殺虫剤の使用、有機農法の普及などにより穀物生産量が増大した。農生物価格の上昇により農民の収入が増えた。

しかし、自給できるようになった農民たちの生活はすぐに改善したわけではなかった。収入が増えたことで衣食などの必需品はまかなうことができたが、家族の様々な支出をまかなうには、さらに多くの収入が必要だった。80年代初の郷鎮企業〔中国で人民公社解体後の1985年頃から急増した農村企業。中国農村の末端の行政単位である郷（村）や鎮（町）、あるいは農民らが出資・経営する集団所有企業〕の発展が新しい収入源となったが、90年代諸島、農業の発展の可能性は尽き、税金や手数料が増え続けたのは農民の大きな負担となっていった。新しい市場経済の中で、農村部であふれかえった農業労働者が都市に流入。第1世代の農民工が登場した。

1979年に、中央政府は深圳《シエンジエン》などに起業家の投資を誘致するために経済特区を作ることにした。

こうした経済特区に農村からの第1世代の出稼ぎ農民がどんどん流入するようになっていき、それが真の農民工〔農村戸籍を持ったまま本籍地の外で、主要には大都市で働いている人たちのこと〕となった。工場の組み立てラインで働く者や、建設労働者となる者、またサービス産業で働く者もいた。都市で働くのは副収入を得るためだけなので、多くの人は農業を続けた。したがって、工場労働の厳しさ、不安定雇用や低賃金など大抵のことは我慢できた。都市では住民登録されていないため、結婚するには農村に帰らなければならなかった。女性労働者は子どもが学校に行くまでの数年間は家に留まり、それから仕事に戻って家計を支えた。数年働いて貯めた資金で自分の事業を始める者もいれば、工場で働くには年を取りすぎて家に戻って農業に従事しなければならない者もいた。一般的には、沿海部の都市に出た第1世代の農民工と農村の故郷とのつながりは強かった。

90年代以前の沿海部での農民工の闘いについての資料は、存在したとしても、探すのが非常に困難なので、ここでは取り扱わない。この章では、90年代以降の沿海部の都市における農民工の闘いと生活に焦点を当てる。ここで紹介していることは、おもに私の経験と労働NGOの考察によるものであり、次に珠江《ジュージャン》デルタ地域の工場労働者とのインタビューに基づいている。沿海部の都市にある民間企業での労働者階級の形成とその闘いと生活は、当時の経済状況、産業の発展と政府の政策と密接に関連している。序章では4つの時期に分けて概説する。すなわち、①1992~2003年、②2003~2007年、③2008~2009年、④2010~現在である。

①1992〜2003年

1992年の鄧小平《デンシャオピン》による南巡講話〔1992年初めに鄧小平が深圳を訪問して行った演説で、市場化と「開放」政策への国家としての決意を確認したもの〕が、中国の資本主義経済の発展に弾みをつけた。「発展こそ真の道理」（発展才是硬道理）という鄧の発言で、官僚階級と新しい有産階級が資本主義経済の発展に投資するようになった。外資系企業が中国になだれ込み、地元の民間企業も出来始めた。農村地域での矛盾が表れ始め、働くために都市に流入する人々が増え始めた。

労働者の状態

沿海部の労働者は、以下のような厳しい状況におかれていた。

(a)　生産環境は厳しく、労働災害、職業病、火災などの重大事故が頻繁に起きた。外資系企業や経済特区内の工場で起きた火災による損害は、1990年以降、広東省《グァントン》で記録された火事による損害の半分以上を占めた。1994年1月から8月にかけて、広東省で起った869件の火災では、133人が死亡、153人が負傷した。(1) 1993年11月19日、致麗《ジリ》玩具工場での火災では、84人の労働者が死亡した。1993年12月13日には福建《フージエン》省の高福紡織工場で61人が死亡。1994年6月14日には珠海《ジューハイ》市の前山《チエンシャン》紡績工場での火災で93人が死亡した。1996年1月1日、深圳の勝立クリスマス装飾品製造工場の火災で19人が死亡し37人が負傷した。(2) これらは公認メディアで報道されたうちのごく一部でである。これほど深刻な労働災害が多発する根本的な理由は、利益優先の経営者が労働者の命を軽視していることであった。さらに、政府が投資を誘致することしか専念していなかったため、必要な規制がほとんど行われていなかったのだ。

(b) おもに出来高払いや固定月額制のため賃金は低く、賃金未払いも多かった。筆者は、揚子江《ヤンズジアン》流域のある鎮〔行政区〕に滞在していた時、セーター製造業では1年に1度しか給料が支払われず、200元から300元が生活資金として毎月労働者に「貸し出されて」いたのを見たことがある。残りの給料はその年末に支払われる。建設業ではこの問題はもっとひどかった。

(c) ほとんど休みもなく時間外労働が行われ、労働密度は高く、労働者は厳しく叱責されたりぶたれたりと、厳しく監視された。1995年1月1日に施行された労働法は紙切れに過ぎず、ほとんど履行されていなかった。(3)

隠れた抵抗

労働者をできるだけ管理しようとする国家と経済発展を背景に、この時期は農民工に対する様々な規制が行われた。その規制の中で一番顕著なのは暫定居住許可制度であり、その目的は「三無」人員(身分証明証、暫定居住証、労働許可証の3つの書類を持たない者)を追放し一掃することであった。この制度を使って、警察と公安機関は許可証の手続き、拘留、罰金、強制労働により合法的、または違法に、農民工から大金を搾り取り、無数の悲劇を生みだした。農民工には移動の自由がなく、常に強制送還におびえて生活していたため、故郷での農業から得られる収入より賃金が高ければ、どんな仕事でもしがみ付こうとした。ある農民工は深圳での１９９２年の経験を次のように語った。「故郷では農業では月に最高で30元か40元の収入しかないが、それと比べて農民工としての収入は月１２０元か130元と、ははるかに良い」

以上のような理由から、産業秩序に対する労働者階級の闘いは、労働者と経営側の激しい個別対立の形を取ることが多かった。経営者は労働者をしょっちゅう叱責したり侮辱していたし、職場や工場の外では労働者が経営側の人間を脅迫したり復讐するなど、よくある社会現象となっていた。「多くの管理職や経営者が我々を虐待し手足を折った人もいたが、最後には復讐を受けていた。労働者を人間扱いしない全くひどい経営者が、最後には当然の報いとして刺されたという事件もあった。殺されるところだったが、無事、逃げきった。労働者が臆病だったため最後には逃がしてしまったんだ」と1992年に深圳にやってきた労働者が説明してくれた。もう1人はこう語った。「昔は管理職はひどいやつらで、すぐに労働者にきつく当たった。仕事が終わって暗闇を歩いていると、目隠しをされ頭をぶったたかれ、ぶちのめされたもんだ」

このような状況だったので、労働者の抵抗は遠回しだったり隠然としたものだった。多くのストライキが「同郷会」や「裏社会」により引き起こされたといわれる。集団的な抵抗を組織する上で、このような非公式の団体が一定の役割を果たすこともあったが、その一方で、階級的な力に対する自覚と自信が欠如していることも明らかだった。ストライキが成功するのは、労働者の力によるものではなく、裏社会の介入など外的要素がはたらいたからだった。

集団的な闘い

この時期の集団闘争の多くは、高い給料と付加給付を支払う外資系企業で起こっていた。深圳市龍崗《ロンガン》区の労働局が2000年に出した記事には、この時期に見られた労働者のあらゆる抵抗を次のように要約している。

「第1の形態は集団的なストライキと陳情で、これが一番多い。第2は地元の政府機関を飛び越して上級の政府機関に対して行われる陳情。第3は地方政府に集団的に押し寄せる形。第4はスローガンを叫びポスターを掲げてデモ行進するもの。第5は裁判所の差し押さえによって引き起こされた集団的な作業停止や陳情であり、この数が結構多い(4)」

ストライキの主な原因は、低賃金、賃金の遅配やごまかし、強制的残業、残虐な労務管理などであった。ある統計資料によると「1992年に深圳市宝安区が受理した外資系企業の労働者3607人からの苦情のうち、1114件は低賃金に関するものであった」。

1993年3月から5月にかけて珠江デルタの外資系企業で起こったストライキ運動の概説(5)

1993年3月31日から4月5日にかけて、珠海市にあるキヤノンの子会社でストライキが起こり、そのあと一連のストライキを牽引した。3月9日から5月23日までの37日間に珠海市で12件のストライキが起こり、7263人が参加した。

このストライキは外資系企業、特に日本と台湾資本の企業で発生した。12件のストライキが10の企業で起こったが、日本企業が4件、台湾が2件、香港とマカオが各1件、そして残りの2件が台湾企業の下請け会社だった。うち6件では全労働者がストライキに参加した。すべてのストライキが賃上げと生活条件の改善を要求した。なかには大幅な賃上げを要求し、3件で50パーセントの引き上げを要求したものもあった。

キャノン労働者の賃金と福利厚生給付は珠海市の外資系企業の中で最高だと言われていた。月給を例に挙げると、最低レベルの労働者で620元（約1万円）、管理職は884元（約1万5000円）で最高は1300元（約2万2000円）であった。なぜこのような「優良」工場で、このように大規模なストライキが起こったのだろうか？

当時の調査ではいくつか理由が挙げられている。

①給料の上昇率よりインフレ率がはるかに高かった。1993年の第1四半期の消費者物価指数は22パーセントに上り、賃上げ率は通常10パーセント以下だったので労働者たちの不満は大きかった。

②労働環境はひどく、義務的な残業も多かった。裕元《ユーユエン》工業株式会社の前山靴工場では、残業を命じることが多かった。5月前半には毎日4時間の残業が行われた。朝7時から深夜1時や2時まで働かなければならないこともあり、夜は食事もなく、労働者たちは疲れ果てていた。このような待遇が460人の労働者のストライキを引き起こしたのだ。排気設備がなく、有毒ガスで労働者が健康

を害する工場もあった。

③外資系企業の中には労働者の生活条件が悲惨な所もあった。操業を始める前にきちんとした生活設備を整えるよう珠海市政府が求めていたにもかかわらず、労働者の住居を用意していない企業も多かった。工場の外では家賃が高かったので、労働者は工場内の狭い生活空間に詰め込まれていた。じめじめした汚い部屋に10人以上が住み、1つのベッドにイワシの缶詰のように2人で寝ていた。住宅手当が20元か30元なのに家賃が50元から100元取られた。なかには、会社の食堂での食事のまずさや水が使えない事を訴える労働者もいた。

その結果、このような対立を仲介するために政府が介入し〔とりわけ雇用主と被雇用者が自分たちで合意に達することができない場合、政府は全ての企業に対して規制者または仲裁者の役割を果たした〕、次のことを要求した。まずは全ての労働者が職場に戻り、その後で交渉すること、工場は不当行為を改め、労働者は地域の最低賃金を上回るような「不当」な賃金要求を諦めること、会社は住居、食事、通勤への補助を増やす、あるいは調整をすること。このような介入により、外資系企業でのストライキは急速に収束した。

以上は、比較的成功した、建設的な闘いである。実際のところ、多くの反乱が絶望の中から突発的に起るものだった。

②2003年〜2007年

背景

中国が世界貿易機関（WTO）に加盟し、グローバル資本主義に統合されたことにより、中国経済は急激に成長。外資は安い労働力を求めて中国になだれ込んだ。〔社会的サービスは本籍地でないと受給できないため、都市にいる農民工はこれらサービスから排除されるという〕戸籍制度が経済発展の障害となった。自由な労働力の移動を制限していた収容送還条例は、2003年の孫志剛《スンジイガン》事件〔孫志剛は広東省の農民工で、身分証明証不所持で拘留され暴行により死亡した〕によって廃止された。それ以降は、農民工にとって都市生活の安定性が増し、都市で働き生活する可能性が高まった。2004年からは「農民工が不足」〔低賃金の職の供給が需要と比べて増加していたことを意味する〕したことで雇用の機会が増え、労働者は、権利や利益が侵害されたことに対して行動できるようになった。

抵抗する労働者が増えるに従い、労働者の基本的な状況はある程度改善された。特に電子機器製造工業の大規模工場では、1990年代と比較して労働強化はある程度軽減された。一般的に言って毎日の残業が3時間を下回るようになったが、依然として労働法で定められた月に最高36時間までという限度をはるかに上回っていた。[6] 労働災害と職業病も蔓延していたが、多少緩和された。90年代によくあった労働者への叱責や暴行も大幅に減少した。

2001年から2007年にかけて、中国の経済は急成長し、GDPで2桁の成長を記録した（表

（表1）GDP 年間成長率
2001 年－2008 年[7]

年	GDP 成長率
2001 年	8.3%
2002 年	9.1%
2003 年	10.0%
2004 年	10.1%
2005 年	10.4%
2006 年	11.6%
2007 年	13.0%
2008 年	8.6%

（表2） 深圳市の最低賃金額[8]

年	賃金月額	元
	経済特区内	経済特区外
2001 年	574	440
2002 年	595	460
2003 年	600	460
2004 年	610	480
2005 年	690	580
2006 年	810	700
2007 年	850	750
2008 年	1000	900

1）。しかしながら、同時期に労働者の収入はほんのわずかしか増えなかった（表2）。深圳を例にとると、２００１年から２００４年にかけて、経済特区の最低賃金は、わずか36元（約６００円）しか増えなかった。経済特区外では同時期に賃金は40元（約６７９円）しか上がらなかったが、中国のＧＤＰの年平均成長率は、およそ９・４パーセントであった。奇跡的ともいえる経済成長を支えている労働者たちは基礎的な生計を維持するために、休みなく残業をしなければならなかった。それでもまだ闘う余裕があれば、もっと違う奇跡を起こせただろう。

好景気で、労働者からの抵抗が続くなか、政府は賃金水準を上げざるを得なかった。労働者をなだめようとする試みにより、２００５年から２００８年にかけて大幅な賃上げに踏み切る事業所が増加した。しかし、この数字は労働者の物質的な条件が大きく改善されたということを示すものではない。沿海部で働いた経験のある者なら誰でも、消費者物価の上昇のほうが賃上げより大きかったと言うだろう。最低賃金が毎年上がるようになる前は、住宅や食品などの費用は最低賃金の水準よりもかなり高かった。多くの中小企業では、地域の最低賃金を下回っていた。名目賃金の引き上げによっては労働者の闘いは収まらず、さらなる抵抗を起こした。

この時期、労働者の鬱積《うっせき》した怒りは爆発した。2004年から2006年にかけて比較的に賃金や福祉給付が良い外資系の大きな電子機器産業工場を中心にストライキが増えた。その理由は、①このような工場は利潤を挙げていたほうなので、中小企業に比較すると、賃上げや労働者の生活向上を保証する余裕があった。②このような工場の労働者たちには収益性についての内部情報があったので、改善するために闘う自信があった。③比較的高い賃金も、工場主の莫大な利潤に比べれば無に等しいので、労働者は不公正さを強く感じていた。

この時期のストライキの特徴は、女性労働者が多くて自然発生的で組織的であること、また道路封鎖やデモ、政府庁舎の封鎖、集団的陳情などの戦術を使うことだった。このようなストライキは大企業で多く見られた。2004年には日系のユニデン電子工場で1万6000人がストライキを決行し、道路封鎖とデモがあった。[9] 深圳にある海燕《ハイイエン》工場では、2004年10月、3000人の労働者がストライキに入り、道路を封鎖した。また、2004年4月には長営《チャンイン》工場で5000人の労働者が、労働争議のためストライキを決行。南頭関《ナントウグアン》検問所に押し掛けた[10]［この検問所は経済特区をその他の深圳と分けている。改革の初期には2つの地域間で自由交通は許されていなかったので、検問所は境界線のように機能していた］。

ほぼ同じ時期には東莞《トウカン》市の台湾系興昂《シンアン》グループの5つの靴工場（偉創利《ウェイチュアンリー》社、飛煌《フェイホアン》社、艾美麗《アイメイリー》社、宝信《ボーシン》社、エマーソン社）でもストライキが起きた。労働者は足並みをそろえて行動し、お互いを励ましあった。ストライキに関する情報はほとんど当局によって閲覧制限されてしまったのが残念でならないが、労働者の意識と行動は密かに変化しつつあった。

経験も前例も限られているにもかかわらず、労働者の抵抗は自然発生的ですさまじかった。政府はこのような突発的で激しい大規模ストライキを経験したことがないので、労働者の集団的な闘いに対して厳しく対処し、直接的な弾圧を行なった。ストライキはどれも、ある程度の規模になると、大量に動員された警察と対峙することになった。そこには武装警官、公安部隊、機動隊、行政部門の治安組織、民兵（予備軍人）や駐車違反取締官まで動員された。労働者を心理的に威嚇するだけでなく、道路封鎖やデモの際は、警官が労働者を殴ることもよくあった。リーダーなど、活動家の一部は逮捕された。

この時期のストライキの主要な特徴

ストライキの原因

２００３年から２００８年にかけて多くのストライキが発生した。その一部は賃金や残業代が地域の最低賃金より低いために起きた。また倒産や工場移転、経営者の逃亡による未払い賃金などの経済的補償を求めるものもあった。その他にも作業日程やひどい食事が原因となるものもあった。あらゆることがストライキの原因となり、ささいな出来事から始まるものもあったということである。たとえば、ある台湾系工場のストライキでは食べ物の中に虫が混入していたことがきっかけだった。しかし、一見偶発的な出来事も工場側の度重なる賃金削減と労働者の蓄積した恨みがあわさった必然的な結果であった。

ストライキ中の労働者代表

ストライキの指導者が現場レベルの管理者や技術職員である場合には、労働者を組織しやすく勝利する可能性が高まった。しかし、このような指導者は経営者に買収されやすく、秘密取引に応じることもあった。また勤続年数が長く、広く尊敬されている労働者が密かに始めるストライキもあった。管理者側は通常、ストライキが決行されると労働者代表を選出して団体交渉を要求した。工場側から労働者代表に対する報復がよくあったので、労働者は代表を選出するのを不安がり、工場が代表を指名することもあった。この場合、ストライキの中心的人物は交渉から外された。代表を選出したあとには、また別の問題が発生した。ストライキが準備不足で、計画もなく組織化もされていないため、代表たちにとって、要求を明確に表明するのは困難だった。さらに、労働者には、集団として闘うことの自覚がなかった。すでにストライキを経験していた者でも、その意識と行動はまだ未成熟で自信に欠けていた。

ストライキ中の様々なグループの対応

スライキが起きた工場では多くが女性労働者であり、生産部門で中心的な位置を占めていた。家庭のある年配労働者は家事の負担が重いので、重要な役割を担うことは比較的少なく、失職することを恐れて指導者になろうとは思わなかった。職長や技術者はストライキにはめったに参加せず、多くは労働者に仕事に戻るよう、積極的にでも消極的にでも説得するほうだった。監督者に昇進したチームリーダーを除いて、職長はほとんどストライキに積極的には参加しなかったし、職場復帰を無理強いすることもなかった。労働者を職場に戻すように上司から指示されても、そのふりをするだけであった。

ストライキ中の情報拡散

携帯電話とインターネットのおかげで、労働者間の連絡はスムーズだった。第3部では、ストライキの情報が同郷者のインターネット情報網で広がった事例を紹介する。影響の大きかったストライキでは、労働者が写真をアップしたり、〔中国で当時人気があった〕インターネット上の掲示板にメッセージを書き込むことがよくあった。また一部の事例では、ストライキのリーダーが作ったチラシやビラでストライキについて情報拡散し、労働者が勇気づけられた。残念なことに、これらの資料はほとんど「証拠物」や「告発」のために利用されるに過ぎなかった。ストライキの過程を意識的に記録することはほとんどなく、ましてや経験や教訓を整理することもなかった。

ストライキ経験の共有と宣伝

集団的な抵抗が比較的良い結果を生んだ場合、近隣の工場で働く労働者にとってストライキの模範となり得る。そして他の労働者にとって大きな自信となり、手引きとなる。２００３年に発生したストライキの参加者は、インタビューで次のように語った。「私たちのストライキの直前に、近くの工場でストライキが2件あり、道路封鎖が戦術として使われました」。その女性は次のように自分の経験を話した。ストライキ中に男性労働者たちが警官に立ち向かうとすぐに逮捕されてしまうが、警官は女性労働者には手を出すことはなかった（すぐに「セクハラ」と非難されるため）。また別の人は、「注文がたくさんある繁忙期のほうが、経営者は私たちの要求を受け入れやすい」と語った。

しかし残念なことに、こうした教訓は他の労働者と広く共有されることはなかった。１つの工場に限られた闘いをさらなる連帯行動と結びつけるのはなかなか難しい。工場間で連携した行動を意識的に追求したという事例はこれまでない。

ストライキ間の労働者の団結と相互扶助

ストライキ中に労働者代表が拘束されると、その代表が尊敬されている人物の場合はみな自発的にその人を守ろうと立ち上がった。さらに管理職が活動家を探し出そうとしている場合や、スト参加者のほとんどが女性の場合でも、女性労働者は指導者や男性の同僚を守ろうとした。

２００４年12月に優利《ヨウリィ》電子工場であったストライキで、女性たちは逮捕されそうになった代表を守ったが、これは例外ではなかった。労働者はカンパを集めて代表たちの交通費や部屋代、食事代、さらに陳情手続きのための費用を捻出した。これは自己犠牲と労働者連帯と見ることができる。2008年の労働契約法の施行によって起こった一連のストライキの中で、多く労働者たちが道路封鎖をしてまで抵抗し、逮捕・留置された。その後、支援署名とカンパを持って労働者代表が政府に赴いた。

③2008~2009年

政府の政策、法律、規則と労働者の抵抗

2008年以前に多く見られた労働者の抵抗は、自然発生的で統制が取れていないため、「非合理的」だったが、問題がより早く適切に解決されるよう、かなり過激に怒りを表現していたので社会的な注目を集めた。労働者はしばしば道路を封鎖したり陳情などを行ない、「生産規律」と「社会秩序」の両方を阻害することで、労働者を搾取しやすい職場環境が作れなくなるため、政府や資本家はこれを激しく嫌った。政府は、労働契約法や労働紛争調停仲裁法などの法律を制定するようになった。また、労働者の抵抗を国家装置の中に取り込み、資本家階級にも受け入れ可能な法的手続きを整備して、妨害による損失をなくすよう努めた。

労働契約法の施行は、資本家や知識人、マスコミなどから大きな注目を集めた。資本家らは労働契

約法により労働コストが増大すると主張して大反対の声を上げると同時に、法施行による影響にも対応した。たとえば華為技術[11]は、既に雇っている労働者と無期雇用契約を結ばなくても良いように、従業員を一度退職させ再雇用に応募させた〔「無期雇用契約」は期限の無い雇用契約のこと。経営者にとって無期雇用でない労働者を整理するほうが簡単で安価にすむ〕。ウォルマートは容赦なく労働者を解雇した[12]。他の工場では勤続年数を帳消しにするために従業員と新しい労働契約を結んだが、これに対しては次々とストライキが起った。

深圳市の龍崗で働いていたある労働者は、そこで起こった一連のストライキについて次のように語っている。「２００７年の暮れには毎日のようにストライキが起こった。参加者はあらゆる産業と職種にわたっていた。仕事を放棄して門の周りに集まり、広場をうろついた。ストライキは、従業員が最低でも２００人か３００人いる大きな工場で起こった。ストライキのあった運昌《ユンチャン》、大華《ダーホア》、景宏《ジンホン》などの工場では従業員が何千人もいた。当時は労働契約法が施行されたばかりで、経営者が既存の労働契約を廃止したことにより、労働者は解雇手当の算定基礎となる勤続年数が無効になったのでストライキを打った」

労働契約法の施行により、中国の資本家たちは自らの利害を公然と主張するようになった。

広東省企業民主管理条例の草案に対して政府がパブリック・コメントを募集すると、中国に投資している香港の資本家と在中国の日本商工会議所は条例案に反対した。中国国内の資本家は、自分たちは「利害関係者ではない[13]」と言う一方で、自らの利権を一層意識的、組織的に主張し始めたように見えた。その一方で、労働者は自らの利害を守ろうとしていたが、分散していた。なぜなら、階級的利害を公然と表明することができる自分たちの組織もなく情報手段もなかったからである。

政府は労働新法を通じて労働者の運動を方向付けるとともに、労働者の「破壊的な」行為を抑え込もうとしていた。たとえば、道路封鎖や集団的陳情などは違法と公言した。2009年11月に深圳市政府は「不正常陳情行為取り扱い通達」を公布し〔深圳市裁判所、法務局、検察局、警察本部の連名2009年11月に公布された〕、14の行為を「不正常行為」と規定した。また、道路を封鎖してストライキを行った労働者は逮捕され、「主な黒幕」と思われる人は留置所に送られた。その結果、労働者の集団的抵抗は次第に自己抑制され、できるだけ法令遵守するようになった。道路封鎖、座り込みやデモが減る一方で、抵抗の形態として工場内のストライキやサボタージュが増えた。

経済危機と労働者の抵抗

2008年後半から始まった世界経済危機は、次第に、しかも深く中国に影響を与えた。欧米の資本主義国では街頭で抗議活動が展開されたが、中国では労働者が職を失って田舎に帰らざるを得なかった。利潤率が低下し残業がなくなると、賃金が下がったので自分から工場を辞める労働者も増え、一部の工場は雇用を削減しはじめた。2009年に筆者が深圳の工業団地で行った調査では、多くの工場が労働者を半分以上解雇した。同時に、従業員採用時の資格要件を増やし、より高いレベルの教育、技術、経験や容貌さえ求めるようになった。(14)

危機の間、経営者たちは「寒い冬」の到来を予想して、労働関係法の施行を延期し、優遇政策を政府に要望していた。たとえば、香港鋳物ダイカスト協会会長の李元発《リーユエンファー》は金融危機に対する政策について公開書簡を送り、「寒い冬」の間は、資本家と労働者の双方を援助するよう政府に要求した。(15)その政策提言には輸出税の払い戻しを2005年水準まで引き上げること、翌年の最低賃金の引き上げを凍結すること、新しい労働契約法の施行を延期することが含まれていた。国内の資本家階級はその要求を組織だって表明していなかったが、資本主義寄りの政府は資本家たちと利害を共有していたので、「その負担を緩和」する必要性は十分に認識していた。11月6日の東莞市の江凌《ジアンリン》副市長の発言によると、東莞市は中小企業を「寒い冬」から守るために労働契約法の圧力を弱め、最低賃金の引き上げ率を抑えぎみにすることを広東省と中央政府に提案した。(16)一方で、人材資源・社会保障省は全ての企業に対して最低賃金の引き上げを延期することを約束した。中国国内では2009年の最低賃金水準は変わらなかった〔中国では地方政府が最低賃金の水準を設定する〕。

当時、労働者が抵抗する理由として、工場閉鎖、倒産あるいは移転、経営者の逃亡などがあった。地方政府が労働者の未払い賃金を肩代わりすることが多かったため、労働者による集団的な行動は相当数減り、社会への影響も少なかった。たとえば深圳の経済特区では未払い賃金補償条例が1996年に制定され、翌年施行。2008年に改正されたが、政府は企業から未払い賃金保護積立金を徴収し、企業が破産して経営者が逃亡した場合には政府が未払い賃金を支払った。この場合、労働者が未払い賃金を受け取ることで抵抗は収束した。

経済危機に対応するため、中央政府は2008年に何兆元もつぎ込んで投資と国内需要を刺激しようとした。地方政府も大規模なインフラ建設事業を試みたことから、田舎に帰った労働者たちはこの投資により職を得ることができた。こうして、ストライキはある程度減少に向かったのだ。

この段階での労働者の集団的闘争の特徴

経済危機における闘いには以下のような特徴が見られた。

①ストライキは主に、経済的な要求に対する自己防衛策だった。経営者は経済危機に対応するために協議した。経済危機による損失をできるだけ労働者に負担させたようとしていたため、労働者は守勢に立たされ、労働強化や賃金カットなどに直面しない限り、行動することはなかった。

②労働者の主な要求は、罰金や強制的に休ませるなど賃金カットにつながるような懲罰に関するものだった。賃金や残業手当を支払うよう工場に要求した。経営者が逃亡して倒産した企業の場合は、ストにより政府に補償させるため道路や工場を封鎖した。

③経営者のほうが階級的利害を自覚しており、団結力も組織力も強かった。経営者の組織化はこの時期に非常に強化された。さらに経営者の労働者に対する態度は偽善的だった。ストライキの間、経営者は労働者に対して親切に接し、その紛争の直接の原因となった管理者（たとえば賃金制度を作った人）を非難し、労働者の要求を受け入れると約束した。このような偽善的態度により労働者の警戒心を緩和させ、そのことにより資本側と労働者の基本的な対立を覆い隠した。

④インターネットと携帯電話の普及により、労働者は自分たちの要求を発表する手段が増えた。とはいえ、この時期労働者は、マスコミの「公正」「中立」さを信じていたと同時に、実際、ストライキが報道されると良い結果を生む可能性が高かったことからマスコミの報道に頼っていた。筆者が知る限りでは、労働者は大概ストライキの時にはマスコミと接触しようとした。

④２０１０年～現在

国家統計局の調査によると、２００９年から工業生産は大幅な低下から反転し、回復の兆しが見えるようになった。[17] ２０１０年初めには沿海部の主要メディアは「労働力不足」をセンセーショナルに報道した。さらにインフラ建設を中心にした中央政府の４兆元緊急経済対策（リーマンショック直後に中国政府が打ち出した内需拡大による経済成長促進政策）が、雇用を生んだ。給料に対する労働者の期待は全般的に高まっていた。しかし、賃金は期待したようには上がらず、ストライキは全国に波及した。その中で、２０１０年5月17日から6月１日まで起った日系企業・南海ホンダでのストライキ、そしてその後に起きた自動車産業での賃上げ要求ストライキは大きな注目を集めた。

中華全国総工会の広州市花都区総工会が発表した調査によると、２月末から3月中旬にかけて自動車生産地域は賃上げのストライキに見舞われた。２月27日に万方井自動車の労働者がストライキに入った。３月11日にはこれを知った阿爾法、河西、西川、泰李のシート製造工場の労働者がストライキを組織。次の日には馬勒《マーラ》、力知茂《リィジイマオ》、南条全興《ナンティアオシン》自動車部品が相次いでストライキに突入した。これらストライキの根本原因を、ある報道は次のように報じている。「工場が拡張し利益率も上がっているのに、賃金は8年近くも停滞したままである。都市住民の生活費が最近急上昇しているので、多くの労働者は実質賃金の低下に苦しんでいる」。さらに、労働法に反した長時間残業の強制や賃金未払いも主なストライキの原因であった(18)。

ストライキの活発化は珠江デルタ地域だけではなく、中国全土の工業団地でも見られた。「２００５年から２００９年にかけて、大連開発区の労働者の平均賃金は毎年５・７パーセント（45元）上昇した」。２０１０年5月末から8月末にかけて、大連では70以上の工場で7万人ほどの労働者がストライキに突入した。その結果、平均３００元の賃上げを勝ち取った(19)。

２０１０年1月、蘇州の聯建《リエンジエン》科技有限公司の労働者２０００人が、年末ボーナスが支給されなくなったという理由でストライキを敢行した。極度な低賃金と、長期にわたる労働強化、さらにボーナスや手当も未払いが続いた。もう１つ重要な要因は、２００９年のノルマルへキサン中毒事件（中国南部の蘇州にある台湾系向上でｉＰｈｏｎｅのタッキスクリーンを作る労働者がマヒ症状を訴えた事件）だった。そのことで、2月には東莞市の漆工芸工場の１０００人ほどがストライキに入った。１カ月後、東莞市の大邦《ダァバン》靴工場、深圳のキヤノン工場でもストライキの試みがあった。２０１０年前半のストライキの波に参加した工場と労働者の数は多すぎて、全部を記録するのは不可能に近かった。

この時期のストライキには、以下のような共通点がある。

①労働者のほうが攻勢になった。以前のストライキでは未払い賃金や賃下げをさせない要求が中心ったが、この時期のストライキは主に賃金引上げなどを基本的要求に掲げた。

②ホンダでの半月にわたる過酷なストライキの最中、労働者は団結し、よくがんばった。労働組合の「改革」を要求したことは大きな前進であった（「改革」とは企業内労組の役員を組合員が選挙で選ぶことを意味している。しかし、これは公式の労働組合の内部で行われるもので、独立した労働組合の結成を意味するものではない）。賃金引上げを勝ち取ったことにより、全国の自動車産業でストライキを誘発し、仏山豊富《フォンフー》自動車部品、仏山トランスミション、小欖ホンダ、武漢自動車部品、南沙デンソー、天津トヨタ、阿雷斯提《アーレスティ》自動車部品、NHK－UNI発条、アツミテック、オムロンといった企業から結果を引き出した。自動車産業の高い収益性により制限はあったにせよ、経営側が譲歩し、すべてのストライキで賃上げが実現した。

③公認労働組合は労働者に対して一般的に厳しい態度で臨んだが、特にホンダのストライキでは労働者に暴行を加えたことは広く知られている。5月22日に会社の経営陣はストライキの労働者代表を解雇したが、これに怒った労働者たちによりストライキは全工場に拡大した。5月31日に公認労働組合である「地区総工会職員」が、仲間を殴ったと知った労働者は激しく怒り、仕事に戻っていた者も即座に職場放棄した。なかにはこうした過去の経験に学び、態度を変えた労働組合もあった。その後の南沙デンソーでの争議では、上部組織の地区労働組合が「労働者代表」と称してストライキに対する警察介入を口先だけで反対を表明し、交渉すると申し出た。その6日後にストライキは

終了した。見方を変えれば、労働者をうまく管理するには、組合員に対して権威を確立しなければならないと、公認労働組合が自覚したとも言えるわけだ。したがって、労働者に対して「理解ある」態度を示すよう、努力し始めたということである。

④経営側の対応もまた厳しいものだった。再び南沙デンソーを例に挙げれば、労働者たちは旧正月には既に要求を出していたが、いつまでも経営側からの回答がなかった。南沙デンソーの労働組合のある幹部はこう説明している。「南沙区総工会は労働者の要求を3つ把握していた。(1)賃金を100元引き上げること。(2)宿舎に暖房設備を入れること。(3)夜間の残業手当を倍にすること。しかし、経営側は要求が提出されてからも前向きの対応をせず、唯一の回答は夜間に残業している従業員に無料の食事を提供しよう、というものであった」。6月21日にストライキが始まった時は、まだ要求は提出されていなかった。しかし、その幹部の話によると、「経営者はすぐに対応し、エアコンを即座に入れ、賃金を450元ほど引き上げるから、直ちに仕事に戻るよう伝えた」。経営者が強く出ると紛争が激しくなり、労働者側がストライキの決意をさらに強めてしまうと、公認組合幹部は心配し、経営側と労働者側の間を仲介しようとして、ストライキの指導者が誰であるかを探し出そうとした。以前ホンダ争議の調停を行った広州自動車工業集団の曾慶洪副社長も手助けをするためにやってきた。経営者はその階級的立場のせいか、ともすれば「悪玉」のように振る舞う傾向がある。あるいはいつものように労働者を脅かせば諦めるだろうとでも考えたのだろう。あるいは資本主義国家との間で一方が「善玉」を演じ、一方が「悪玉」を演じるという分業についての

暗黙の了解があったのかも知れない。いずれにせよ、このストライキでは労働者が示した戦闘性、持続性と連帯は経営者たちの予想をはるかに上回るものであった。

⑤ストライキの過程で新しい人物が2人現れた、曾慶洪《ドンチンホン》と常凱《チョンカイ》である。曾慶洪はホンダの取締役会の一員であり、以前は副社長を務めていた。先に紹介したように広州自動車工業集団の副社長でもあったので、ストライキの間、中立的で比較的穏やかな権威者としての役割を果たした〔南海ホンダはホンダの100％子会社だが、同社が部品を供給している組み立て工場（広州ホンダ）はホンダと政府所有の広州自動車工業集団との合弁企業である〕。彼は経営者と省人民代表大会の代表としての二重の立場を利用して労働者からの信頼を勝ち取り、労使紛争の仲裁をしようとした。労働者も彼をある程度信用していたが、それは「人民代議員大会の代表であり経営者でもあるので約束を守るべき立場」だからだった。交渉の中で彼は、仏山市の機械加工産業の平均賃金が1810元に過ぎないことを繰り返し説明し、2100元への引き上げは地域の同じ産業の中では最高レベルであり、それ以上の要求をすべきでないと、労働者を説得した[20]。

常凱教授は労使関係の高名な専門家であった。ホンダのストライキでは労働者側の法理顧問を務めた。労働者たちは次の2つの考えを受け入れるよう努力した。(1)賃金引き上げが最優先課題ではない。「賃金が上がるのはもちろん良いことだ。しかし、数百元、数千元上げることが一番重要なことではない。経営側が労働者の立場と権利を認めることが中心課題である」[21]。(2)交渉中はストライキ参加者は仕事に戻るべきである。「常凱教授は団体交渉が行われている間は絶対にストライキを行ってはならない、というのが国際条約の定めであり、そのようなストライキは法律で許されていないと労働者代表に説明した」[22]。

その一方で、常凱教授は「ストライキを始めたり、ストライキに参加することを絶対に慌てて決めてはならない。熟慮を重ねた末に決めるべきである」[23]とストライキ労働者への理解と共感を表明した。さらに、政府は経営と労働者の間で中立的な役割を果たすべきだと提案した。「ストライキの原因を注意ぶかく調査・分析し、労使間を仲裁することにより、政府は第三者として中立的に公平に振る舞うべきである。さらに労使間の団体交渉を通じた紛争の解決を促進し監督すべきである」[24]

⑥闘いが増え、経験が蓄積されるにしたがい、労働者階級は一層自信を深めていった。労働者の教育は大きく改善されたと言える。ソーシャルメディアの普及により労働者の闘いは次第に柔軟な戦術を取るようになった。2010年前半のストライキでは、中国語チャットQQを使った会話、オンラインフォーラムを使った情報や考えの伝達、ストライキを広く知らせるための写真やビデオの掲載など、インターネット利用の様々な試みが見られた。しかしマスメディアや政府、会社経営者は、本質的に支配階級の手下である、ということに労働者は気づいていなかった。

結論

各世代の労働者は膨大な富を生み出しながら、どんな扱いを受け実践的な抵抗をしてきたか？　労働者階級の解放に向けて、どのように団結して闘ってきたのか？　本書は、過去20年間にわたる中国労働者の闘いと職場での経験を描いている。字数の制限と筆者の経験と知識の限界により、多くの課題について探求し記録することができなかった部分もある。読者の皆さんが労働者やNGOスタッフのインタビューをしたり、実際に工場で働いたりして支援していただけるとありがたい。それ以外にもインタビューのテープ起こしや資料整理などの手伝いも歓迎する。労働者革命の任務をできるだけ多くの仲間が担い、各自のやり方で貢献することが筆者の望みである。

第1部

工場閉鎖に対する闘い

序章◉未払いや遅配の賃金を取り返す

通常の工場閉鎖の時には、労働者が不当に苦しむことが多い。仕事を失うだけではなく、未払い賃金を請求できないことも多い。工場閉鎖に続いてストライキが行われたこの事例では、労働者たちが抵抗し、賃金を取り戻し、追加的な補償を受け取った。

工場閉鎖の理由が破産や移転、あるいは経営者の逃亡であっても、賃金未払いや賃金カットの被害を受けることになる。多くの場合、経営者が逃亡してしまうので、工場は操業できなくなり、怠業やストライキのように操業中なら有効とされる戦術が取れない。したがって、闘いの対象は政府となる。政府当局は労働者の闘いをなだめ騙し、弾圧しようとあらゆることをやる。ひき続き利害を追求するならば、労働者はその行動を「エスカレート」させなければならない。政府に素早く対応させるために道路を封鎖。集団的に行動し、マスコミを通じて影響を広めようとする。そうしたとしても、工場閉鎖以前からの未払い賃金を政府に支払わせるのが精いっぱいで、一部しか支払われないことも多い。

たとえば、２００９年の経済危機の際、東莞のある工場の社長が逃亡した。地方政府が介入して労働者の賃金を補償したが、未払い賃金２カ月分の60パーセントしか受け取れなかった。未払い期間が長かったので他に移ってしまった労働者は一銭ももらえなかった。労働者が賃金補償を受けられるかどうかは、その闘いの力と決意の強さにかかっている。たとえば香港人の社長がある深圳の工場を投げ出した時、従業員7000人もの賃金が未払いのままだった。地方政府が対応しなかったので、労働者は苦情申し立てを繰り返したにも関わらず満足できる回答を得られなかった。労働者は道路を封鎖し、マスコミに働きかけた。そこで初めて、政府が交渉の場に登場し未払い賃金を解決すると約束した。それでも未払い賃金の30パーセントしか得られなかった。2011年4月に恵州《ホイジョウ》のある工場が倒産し、管理職全員を含むすべての従業員が、経済的な補償を求めるために立ち上がった。在職1年につき2カ月分の解雇手当を受け取った深圳の先例を参考にして、従業員たちは経営者に強い圧力をかけた。その結果、在職期間に応じて1年につき1カ月半分の賃金に相当する解雇手当が支払われた。労働者が団結して補償を勝ち取ることはまれである。この事例と対照的に、近くにある小さな工場はすでに閉鎖されているが、賃金補償は1銭もなかった。

工場が平常どおり操業している場合のストライキに比べ、工場閉鎖中の争議には特徴がいくつかある。第1部で扱う事例でもそれが見られる。

①労働者は追い詰められて闘うこととなる。他の争議と比べると、より活発で団結が強く勢いがある。その目的は未払い賃金の獲得など明確で、多くの人々を巻き込み、高い地位の管理者を含む従業員がほとんど全員、影響を受けている。もっとも管理者は妥協する傾向にある。

②工場経営者は通常、準備に十分時間をかけることができるので、作業を停止しても損害にはならず、労働者は対抗する手段が限られる。ある靴工場の経営者は忙しすぎて注文を取る暇がないと嘘をつ

いて労働者に数日の休養を与えた。労働者が休日から戻ると、経営者は夜逃げしていた。未払い賃金については政府に要求するしかなかった。

③一般的には、閉鎖された工場で労働者が活動しても、周囲の工場にはあまり影響しない。これと対照的に賃金引上げを求めるストライキは、周辺の工場労働者が触発される。工場が閉鎖すると、その企業ではなく地方政府が補償をするとなると、ストは一気に終息する。しかし、経済危機の中で工場閉鎖が増えると、こうしたストライキは労働者に影響を与え、お互いの闘争の経験を使って、勢力を増し、より多くの利益を得ることができる。

④工場閉鎖に対する抵抗は、損害対策でしかない。解雇手当などの経済補償を地方政府から得るのは困難である。労働者が一生懸命闘っても、未払い賃金のほんの一部しか取り戻せないのが常だ。

要するに、このようなストライキでは労働者は守りの体制にある。地方政府当局者の目から見れば、工場閉鎖に対する闘いであっても「社会的安定性に影響」を与えかねない。影響を最低限に抑えようと、地方政府の多くは労働者をなだめようとして介入する。早くも1997年、深圳市は「深圳経済特区未払い賃金補償条例」を制定し、企業が未払い賃金基金に定期的に積み立てることを定めた。会社倒産にともない、事業閉鎖せざるをえない場合、あるいは経営者が逃亡した場合にこの基金から労働者の賃金が支払われる。

数年前、東莞市政府は未払い賃金保護条例を作ったが、「時期が悪かった」のでこの条例は棚上げにされた。今日にいたるまで同様の条例は施行されていない。正式の条例ではないが、工場閉鎖の際には地主か村民委員会が、未払い賃金の50から60パーセントを支払うようことになっている地域もある。その場合でも解雇手当は支払われない。たとえば東莞市大朗《ダーラン》の皮革工場の経営者が逃亡した件では、従業員100人には3カ月から4カ月の未払い賃金があった。地区政府当局はその30パーセントを支払うと申し出た。労働者は納得せず、上級の鎮行政に不服申し立てした。最終的に政府は賃金の半分を支払うよう村民委員会に命令した。

広東省でも未払い賃金保護条例案が作成されている。しかし、作成から何年も経っているが依然として「難産」[(25)]中である。結局、支配者の慈善的行動や、正義感に期待はできない。一番良い方法は、工場閉鎖の兆候があったら直ちに行動することである。私の乏しい経験と同僚の多くから聞いた話からは、次のような出来事が工場閉鎖の予兆であるとわかる。

①注文の減少あるいは外注化。残業がなくなり、従業員は解雇されるか離職する。工場を閉鎖すれば、経営者は賃金や補償を減らすことができるからだ。

②賃金未払いが長期化したり、1カ月ほど遅配になる。給与遅配が続くのは、企業が経済的困難に直面している可能性が高い。2009年、ある電子機器の会社が倒産し、従業員と上級管理者に7月と8月分の賃金を支払わなかった。管理者たちは工場閉鎖を予想できず、経営者が「困難を切り抜ける」のを助けようとあらゆる努力をした。しかし最終的に自分が困難に陥ってしまった。

③固定資産と原材料が搬出される。2011年には、模型キット工場の経営者が、工場がいつもどお

りに稼働している最中に逃亡した。経営者がトラックで成形装置と原材料を運び出していた。何かおかしいと気づいた労働者は門を閉め、交代で見張った。経営者が機械と原材料をそれ以上持ち出せないようにし、損害が拡大するのを防いだ。

④納入業者が頻繁に来て支払いを要求したり、裁判所職員が資財や機械を差し押さえに来る。納入業者は期日内の支払いを求める。その支払期限が守られないと工場に現れ、物品の供給を停止したりする。工場経営者が破産を宣告すると、裁判所は資財や機械を差し押さえることができる。その場合、労働者は素早く行動し、賃金や補償を勝ち取るために団結しなければならない。

⑤突然休業となる。2011年、ある家具工場では労働者が出勤したとたんに給料が支払われ、1カ月の休業を取るように言われた。さらに、建物を改装するので全従業員は宿舎から出るように言われた。後になって経営者は逃亡する準備をしていたことが分かった。

⑥従業員が頻繁に大量解雇される。工場経営者は、注文の減少や閑散期を理由に、従業員を大量解雇することがよくある。そうすれば、労働者は異常を感じ取ることができず、権利と利益を守るための団結力が弱められるからだ。

経営者が逃げようとしていることを従業員が事前に察知し、ストライキをしたり、工場の門を閉鎖する、あるいは関係政府部署に不服申し立てをするなどの対策を取ることが多い。社長に十分圧力をかけることができれば、労働者の利益はある程度守られるかも知れない。しかし、ずるい経営者は隠れて工場閉鎖を準備したり、従業員を騙すための陽動作戦を取ったりする。仏山市にあった靴工場の台湾人経営者は「数万元の資財を搬入した後に逃亡したので、誰も台湾に逃げるとは予想できなかった」と言う。結局、労働者は政府が責任回避しないよう強く要求し、関係政府機関が労働者の損失を補償するよう催促することしかできなかった。

資本主義の下では、多くの企業、特に中小企業が競争に負けて突然破産する。その場合、工場経営者は事業を投げ出すことが多い。景気後退期や経済危機の際にはこのようなことが起こりやすい。労働者は経営状況を注視し、工場閉鎖のどんな小さな兆候も見逃してはならない。実際には、工場閉鎖による損害を抑制するには、労働者の力が足りなさすぎる。しかし、こうした労働者の数多くの闘いから学び、できる限り闘いを広めることが緊急に求められている。

第1章◉香港資本の工場の閉鎖

（2011年2月15日：インタビュー）

借金を返済するために出稼ぎで働く

小西《シャオシー》は、湖南省で1981年に末っ子として生まれた。1997年に中学2年生で中退したのは、家に金がなく、勉強を続けたくなかったからである。小さい時に父ががんで亡くなり、家族は大きな借金を抱えていた。鎮の厄介者たちとつるんでいる兄は無責任で、家族の借金は小西の肩にかかっていた。

最初に小西は広東省の韶関《シャオグァン》市に叔父と一緒に行き、水力発電所の建設工事現場で働いた。1日8時間働いて20元の給料で、食事とテントの住居つきであった。その時は雨が多く、現場の作業は進まなかった。作業工程が終わると同時に請負業者の所持金がなくなったため、賃金は支払われなかった。2、3カ月経っても支払われる見込みがなかったので、小西は叔父と離れて友だちと韶関市の他県へ行き、別の水力発電所の建設現場で働いた。賃金は同じ20元に食事と住居つきで、環境は良く仕事もきつくなかった。監督がいる時は早く働き、誰もいないと少し遅くした。それでも、1年もすると展望がないと思うようになった。

1998年に広東省仏山市南海《ナンハイ》に移った。そこではランプや傘などを作る金属工場が多かった。ある金属加工工場に落ち着き、3年以上働き続けた。その工場では傘を作るのに、300人以上が働いていた。本当にさえない工場だった。食事は粗末で油を使わず「刑務所の飯」のようだった。従業員は非常に大きな空き倉庫を宿舎代わりにしていた。作業場は非常に暗く、古びていた。設備は見た目が古汚く、安全装置もなかった。人差し指の一部を切断して失った人もいた。経営者は1000元か2000元の治療費しか支給しなかった。その人は怪我の後、田舎に帰った。1998年か1999年には、近くの金属加工工場で仕事中に片手を潰されたという女性労働者もいた。会社は補償せず、彼女を管理職に昇進させた。

小西はD会社に入社。手動の穴あけ機の担当として勤務した。基本給は月550元、残業等は1時間1元で、残業手当を含んだ月給は400元か500元だった〔中国語版にはこのようにあるが、基本給、残業手当をあわせて月950元から1050元だったと想定するのが無難だろう〕。毎日9時間働き、休みは月1日。経営者は地元の人だった。「経営者は怪しい人間で、利潤のためにできるだけ賃金を下げようとした」と小西は話す。当時は、食事が無料で提供されたが、食事券は仕事に出ないともらえないしくみだった。

小西は、家族の借金を返すためにもっと金を稼ぎたいと、家を出た。しかし、しばらくするとどこの工場も条件が悪いことがわかり、職場を頻繁に替えるようになった。金属加工工場を辞め、今度は魯源《ルーユエン》に移った。そこでは彼女ができたので、さらに金が必要となり、何人かの友人と一緒に水道事業の下請業を始めた。賃金は悪くなかったし、監督は「ほかの請負業者ほど悪徳ではない」と小西には思えた。10人以上の労働者で班を作り、毎日1人頭3元か4元が収入となった。父親が病気の時に作った2万元から3万元の借金を、数年の内に稼ぐことができ、2004年には完済した。

結婚したいと思ったが、彼女の父親の許しを得ることができなかった。「南部の女は自分の考えがしっかりしていない。父親がすべてを決める」と思った。2人は未婚のまま子どもを生んだが、関係が次第に険悪になり一緒に過ごすことはほとんどなくなった。小西は子どもの面倒を見なければならなくなったため、母親が村で子育てを手伝ってくれた。その後、小西は別の彼女ができたが、結婚のことは考えなかった。「結婚は後でなんとでもなる。今は自分のビジネスが優先だ」と静かに語った。

しばらくこの下請業を続けたが、仕事がいやになり辞めたいと思うようになった。「専門的、あるいは高技術な」仕事、具体的にはもっと楽で泥くさくなく稼ぎの良い仕事がしたかった。目標はプラスチック部品を作る会社を企業することだった。

南部の工場に就職し労働争議を経験する

2005年に小西は深圳にやってきた。最初は天井製作工場で塗装工として働いた。2007年にD工場に勤め始めた。その工場は香港資本で株式も上場していた。製品は、アイロンやコーヒーメーカーとして、多くが米国に輸出されていた。2006年～2007年には3000人以上が働いていたが、その後業績が悪化し従業員は1500人ほどに削減した。入社時は、手動の穴あけ機担当として2つのシフトで交互に勤務していた。最初は1500元の月給だったが、徐々に上がり2000元になった。一度労災事故があり、30代の男性労働者が圧力誘起爆発で顔面に火傷を負った。会社は一切補償しなかったので、その労働者は工場の中をぶらぶらして過ごし、以前と同じ額の給料を受け取っていた。

会社は傾き始めていた。ひとつには管理がだらしないことだ。たとえば、梱包材料が捨てられていたり、潰して再利用すべきプラスチック製品の不良品を売却したりと、まるで無駄ばかりだった。プラスチックの廃材を生産工程で再利用するには技術的な課題があるため、会社は面倒がった。膨大な負債を抱えていたこともまたもうひとつの理由だった。

会社は法定賃金と残業手当を支払わなかった。2007年暮れ近くに会社が破産する前、管理職数人が先頭になって300人から400人の従業員と一緒に、残業手当の支払いを求めて集団訴訟を起こした。その代表数人が審問に参加し、労働者も何人か傍聴した。それには勝訴したが、実際は未払金のほんの一部しか支給されなかった。破産後は、地方政府が代わりに補償金を支払うことになったが、それは後述する。訴訟の後は、会社は法廷賃金を計算するようになった。

破産の前兆

工場は2010年10月に閉鎖したが賃金未払いは9月からだった。労働者はそのたび賃金の支払いを要求したが管理者は言い訳を続け、ある日経営者が失踪した。その前は裁判所職員が来て機械やプラスチックなどの原料を差し押さえたりしていたと小西は言う。納入業者が債権確保を請求していたようだ。当時、生産は続いていたが、会社はもう長くは持ちこたえられないだろう、と見られていた。賃金は毎月20日前後に支給されていたが、8月からは期限通り支払われなくなり、やがて全く支給されなくなった。大半の労働者が工場に留まったのは、会社が倒産した場合、勤続1年に付き1カ月分の給与を補償金として支払わなければならない、と考えていたからである(26)。

ある日、全員が賃金未払いであるにもかかわらず、経営者が逃亡していることにある管理職が気づいた。9月には誰も働かなくなり、10月1日の祝日までは大きな騒ぎは起こらなかった。10月半ばには労働者が村民委員会に報告したが、委員会は関わろうとはしなかった。労働行政窓口にも行ったが職員は言い訳するだけで、返事するまで3日待ち、次に法的措置を取るように(つまり労働者が自分たちで訴訟を起こすように)、と言うだけであった。

経営者が逃亡、労働者が道路を封鎖

数多くの苦情申し立てに満足な回答を得られなかった労働者が道路を封鎖して、問題を直ちに解決するよう政府に要求することになった。労働者代表が工場に声明を掲示し、会社の拡声装置を使って

「金が欲しい人は作業服を着て役所に一緒に行こう」と叫んだ。機械の見張りをするために20人以上が工場に残ったが、その他1000人以上の労働者が鎮政府まで歩き始めた。「食べる金がない」「法的権利を求める」などのメッセージが書かれた横断幕を10本以上掲げていた。一番強調したかったのは経営者が逃亡し、食料品を買う金がないことだった。労働者は長い隊列を組み、威勢よく鎮政府まで行進した。

工場までの道路は完全に封鎖され、自動車は全く通ることができなくなった。妻の出産のため病院に向かう車だけが通行を許可された。車の運転手たちは通りすがりに労働者をののしっていたが、「文句なら役所に言え。俺たちの賃金も払ってくれないし、知らんふりを決め込んでいるんだから」とやり返していた。鎮長が出てきてできるだけ早く問題を解決すると言った。労働監察大隊の職員が、全員戻れば政府が問題に対応する、とスピーカーで叫んだ。班長がミネラルウォーターを5、6箱買ってきたので、みんな道路に座り込んで水を飲み、叫んでいる職員を無視した。

騒ぎが拡大するのを恐れて、警察は4、50人ずつの機動隊が乗った車両4台を派遣して労働者を役場まで護送した。機動隊はミネラルウォーターを大量に持ってきて役場の中庭に置いた。3時間以上も歩いて疲れていたので、全員中に入って水を飲んだ。直後に役人が交渉に応じた。

要求は、①数カ月にわたる未払い賃金を残業代含めて支払うこと。②解雇手当を支払うこと。鎮政府は当初、裁判に訴えるよう伝えた。しかし、それは最低でも1カ月かかるため労働者は拒否した。次に、インターネットを通じて工場経営者を探すので3日待ってくれと言ってきた。経営者が戻って来なかったら政府が賃金を支払う、ということだった。食費として翌日に300元支払うと約束した。労働者は腹が減ったのですぐ食べたい、と要求。政府は食べ物を買って与えることで合意した。ところがその後、労働者は政府が用意した大型バスで工場に送り戻され食べ物にありつけなかった。

労働者代表による交渉

5人の労働者代表は全員熟練工か管理職であった。選挙によって選出されたわけではないが、労働者がみんなよく知っていて信頼している人たちだった。全員が工場で2年以上働いていた。本書でインタビューした人たちは、ストライキ中の代表たちの発言と行動はみんなの利益に沿うもので、労働者から強い信頼を受けていたと述べている。たとえば、当初、従業員名簿には1300人の名前しか載っていなかったが、代表たちはすでに田舎に帰った者も含めて全員の名前を載せた。最後には賃金と解雇手当を勝ち取ることに成功し、受け取りに来るよう帰郷した者にも伝えた。代表が任務を遂げるのに金を必要とした場合は、全員が5元ずつ寄付をした。

代表5人の主な役割は、政府との交渉だった。みな、一両日中に解決すると期待していたが、代表たちは最終的に政府に3日間の猶予を与えた。道路封鎖を止めると、政府は労働者に再度の交渉を呼びかけ、代表との話し合いを求めた。ところが代表たちの交渉能力を疑っていた。労働者は一様に不満を抱えていた。ある代表はこれに対して気分を害し、辞任するとまで言った。

翌日、政府が工場に来て、前日に合意した生活資金を支給した。「珠江チャンネル（広東のテレビ）、ビジネス・チャンネル（CCTV）、第1現場チャンネル（深圳のTV）、鳳凰BSTVなど多くのメディアが取材に押しかけ、役人が生活資金を手渡している場面をテレビが放映した。政府は立派に見えた」という。しかし、労働者は全く満足しておらず、ある女性はインタビューに答えてこう語った。「300元で何が買えるの？　米1袋買えばそれでおしまい。野菜はとても高いです」

1週間ほどして、政府は賃金補償は30パーセントで合意し、その夜に集会を行うと工場内に告知を掲示した。その集会には鎮政府、労働局、地元警察などから10人以上が出席し、賃金と解雇手当について議論した。宿舎に住む労働者700人が参加した。工場の外に住んでいる者は集会のことを知らず、参加しなかった。政府は、賃金と残業手当については前払いするが、解雇手当は満額払うつもりはないと主張した。「経営者は逃亡し、政府には金がない」。しかし、実際にはすでに支払われた食費300元、全員に支払われる賃金と解雇手当は全額、未払賃金補償基金から出ていた。未払金額が大きい年配の労働者らはこの提案に強く反対し、最終的に公安警察が退場させた。翌朝10時以降、補償を受けるため合意文書に署名することになった。

最初は誰もが署名に抵抗した。最初に代表たちが「これしか選択肢はない」と言って署名した。続いて臆病者が署名した。最初に署名した人たちは、政府に買収されたと考えられる。なぜなら、当初解雇手当のために闘うと誓ったのに、こんな少額の解雇手当であるにもかかわらず真っ先に署名したからである。

その夜、小西は自室に戻り、インターネットでストライキのニュースが報道されているのを見た。

そこでは労働者を偉いと言う人の姿もあり誇らしく思えた。一方、近くでも工場閉鎖があったが、規模の小さい工場だったので労働者は抵抗する前に抑圧された。政府は未払い賃金だけを支給し、解雇手当は支払わなかった。

小西の彼女が働いていたスピーカーや電子製品の製造工場では、100人ほど雇用していたが、2008年12月に倒産し、解雇手当は支給されなかった。解雇手当を要求して闘い、一部でも勝ち取った労働者はまれである。

結論

デモの日には海外メディアを含む多くのマスコミが取材に現れた。工場閉鎖を最初に報道したのは鳳凰BSTVだった。深圳のTVは報道する勇気がなく、沈黙を決めこんだ。鳳凰BSTVは事実を伝えていたので労働者はみな評価し、鎮政府の中庭に入った時に鳳凰BSTVも取材できるよう許可を求めた。このテレビ局は、その前から工場閉鎖について報道していたので労働側にとって役立つと思ったからだ。鎮政府はやむなくその要求を受け入れた。政府が労働者の要求を即受け入れたのは、マスコミの存在が圧力となったからだと、ある労働者は語った。なぜ政府に対してデモをけしかけたのかという質問に対して、「政府を信用していなかったので、賃金を支払わせるための圧力をかけた。しかし、政府はずっと長引かせてわれわれを騙したのだ」と語った。

小西が働く工場の前にも工場閉鎖はいくつもあった。それを見て、小西は工場閉鎖には次のような兆候があると思うにいたった。注文や残業がなくなる、賃金支払いが滞る、経営者が突然休暇でいなくなる、そして機械がこっそりと運び出される。当然、なんの予兆もない工場閉鎖もある。たとえば、B工場の前に倒産したG工場ではすべての物が搬出され、テレビやパソコンもすべてなくなった。後になって政府が全部元に戻したが、ここでは全く予兆がなかった。

工場閉鎖について小西は「納入業者や裁判所であっても、機械を持ち出させないようにすることが大事だ」と語る。経営者が逃亡した時、納入業者には数百万元の負債があり、未払い賃金は1800万元にのぼっていた。機械の価値は1000万元以上あり、日本から輸入された新しい射出成型機だけでも100万元以上した。政府が未払賃金を支払ってくれないのなら「機械を売った金を賃金にしよう」とみんな考えていた。その当時はそれほど真剣ではなかったが、労働者が機械を差し押さえ自主生産を始めるべきだと考えていた古参労働者もいた。みんなはそれを夢のような話だと感じていた。「納入業者が債権を回収できないほど借金まみれなのに、どうやったら自分たちで工場を立て直すことができるのか」という疑問は残る。

第2部

賃金カットに抗する闘い

◉第2部のまえがき

この部では、賃金カットにストライキで抗議した労働者の闘いを紹介する。ただし、ここでの「賃金カット」は、福利厚生や手当などを含む収入の削減を指す。経営者は基本給カットだけでなく、あらゆる策で攻撃してくる。特に、法定最低賃金が引き上げられる場合は、資本家はたいがい福利厚生制度を廃止してくる。賃金を据え置く一方で労働強化したり、残業代を回避するために休日を移動したり、賃金の遅配や横領をすることもある。

この部では、ストに参加した一般労働者（2章と3章）とストを先導した労働者（4章）とのインタビューを紹介する。わかりやすいように、前編と後編の2つのタイプに分けて分析した。各章は、郝仁が執筆した。

（前編）　ストに参加した労働者

私たちがインタビューしたのは、ほとんど普通の労働者だった。スト主導者ではないものの、経営側から職場に戻るよう相当の圧力をかけられた。活動家にはさらに大きな圧力がかかった。会社のマネージャーは密かにストを組織した人物、スト主導者やコアメンバー、そして活動家と思われる労働者を探し当てる。そして、その労働者を孤立させて、解雇するか、仲間と分断させるために誘惑したり利用したりする。そのあと別の部署へ異動し、ブラックリストに載せるのだ。資本家らも同様、ストをした労働者に圧力をかけ、もっとも弱いところをついて分断工作をする。その手法は必ずしも、叱る、脅す、暴力を振るうものだけでなく、管理職が来て職場に戻るように要求したり、労働者代表に団交を迫ったり、逆に親しくなろうと食事に誘ったりすることもある。

こうしたケースでは労働者側のリーダーは見られず、多くの労働者を組織してストを計画・決行していた人物がいたとしても、組織者とは言い難かった。ストは、賃金、福利厚生や手当をカットしたり、残業代を認めず理不尽に休日を変えるなど、労働条件が不利益に変更されることで起こる。一番多いのは、給料支払い後に労働者が予定されていた額より少ないと気づき、事前通告せずに職場放棄するという形のストだ。これは、資本主義的な攻撃から即時に身を守る術なのだ。意識的にストをする場合は、経験のある者が自分たちのネットワークを使って労働者を集団的に組織するか、技術職の労働者と職制が特定職場の従業員を組織するが、その場合、組織できる人数は限られる。多くの労働者は、組織されたという理解ではなく、「同僚が働いていないから自分も働くのを止める」という意識からストに参加する。労働環境や生活環境に対する不満が拡大しているため、ストが多発するのだ。ストに火をつけたのがほんの数人だとしても、他の労働者からは同情をかい、ストに賛同し、参加する人も出てくる。生産ラインで長時間働く間、たとえば秘密裏に、わざと仕事を遅らせようと申し合わせていると、ストはよりスムーズに決行される。

しかし、団体交渉のために労働者代表を選出するよう上司や会社から言われると、一番の弱点が露呈する。準備不足により、労働者は集団的にも戦略的にも要求をまとめられず、簡単に波紋が起こってしまうのだ。ある労働者は、ストの経験をこう語る。「ストを決行するときは、団交するかしないかは関係ない。固定賃金の要求を曲げず、団体行動によって勝利できると信じることが重要だ」。リーダーたちは、仲間と議論しながら要求を修正したり加筆したりするべきだ。「固定賃金の要求」を軸に仲間と議論したのちに、みんなから承認を受けて新たな要求づくりをするのでもいい。こうすることで、すべての労働者が闘いの明確な目的を定めることができ、目標を達成するまでは職場に戻らず最後まで闘い抜くことができる。でなければ、資本家が労働者や労働者代表を分断しようと賃金交渉を利用する。「会社側が譲歩するなら、それだけでかなり効果がある」と考え、闘争心が萎えて闘いを断念する人が出てくることもある。これは、特に労働者代表がいないストにおいて、過去に散見された手法である。

「出る杭は打たれる」だろうという不安はこれまでと変わらない。この時点では、代表者選挙をするため集会を呼びかけるほど労働者の意識が高くないため、代表を立てないストはよくある。2010年の「日系企業の工場における高温度手当を求めるストライキ」はその典型である（第2章）。この時のストは未組織労働者によるもので、中心的な人物は存在せず、事前にその計画も立てなかった。道路を封鎖するという行き当たりばったりの提案も、警察によって阻止された。労働者が「次第に分散し、スト中に知り合いを見つけて言葉を交すうちに、ストを続行する意味がないという気概が広がっていった」。翌日もストを続行するつもりだったが、警備が厳しくなり、労働者が集まれなくなってしまった。しかし、まとまりがなく準備もできていないストでも、労働者がある程度手当を勝ち取ることができることは特筆したい。また、労働者が抵抗しようとする意思があおられ、将来に備えて教訓を学ぶこともできる。

ストが始まってすぐに代表を選出すれば、資本家や当局からの激しい攻撃の標的になりやすい。だからこそ、中心人物らによってストが組織されたとしても、念のため非公然の〝予備幹部〟を決めておいたほうがいい。そうすることで、攻撃されても組織化して闘い続けることができるからだ。これは、ストを弾圧しようとする資本家を阻止する場合、また労働者代表が選出されて団体交渉が避けられない場合に(のみ)有効な方法だ。このとき、労働者代表へのリスクは比較的小さく抑えることができる。

東莞市にあるおもちゃ工場でストがあった時は、近くの工場でも労働者がストをし、道路を封鎖していた。「警察が来て、労働者代表と話させろと要求してきた。出て行った10人は、連行されて暴行を受けたんです」。おもちゃ工場の労働者はこれを聞き、警察が交渉のためだから代表を出せと言ってきても「労働者一人ひとりが、自分の要求を唱えているんだ」として、それを拒否した。労働者の意識や闘争心がある程度に達し、スト委員会や代表者グループを結成し始めると、国家からの弾圧が、けた外れに厳しくなるのは想像できるだろう。このとき、労働者代表らと一般労働者の関係は、慎重に築かなければならない。要するに、ストをする労働者の集団の力で、労働者代表を常に後ろから支え、指示をだすということだ。そうすることで、経営者や行政との団交でも主導権を握ることができ、内部の分断だけでなく労働者代表による譲歩や裏切りを避けることができる。闘いに際し、労働者が会社から解雇などの報復行為にあわないようにも気をつけるべきだ。

たとえば、2002年の電子機器工場のストでは、立候補と信任投票で代表を選出したにもかかわらず、「その後で他の労働者が分散しはじめ、団交において集団的圧力をかけられなくなるほど弱体化した」。その後、労働組合活動家を保護する労働者代表の安定したメカニズムがなかったために、主導者がまず懐柔工作にあい、上司から1人ずつ〝解雇〟されてしまった。

スト主導者への圧力が比較的大きく回避しがたい一方で、一般労働者は報復行為や解雇の不安というプレッシャーを感じるが、それと同時に気分の高揚もある。日々の労働や規制、屈辱からついに解放され、抑圧的な会社が嫌がることをすることで、(「問題を起こしてはいけない」という思いはある程度感じるものの)復讐の念や反骨精神が湧き上がるのだ。身体的にも精神的にも落ち着ける機会ができる。効果的な組織化でなくとも、多くの労働者は、ストの数日は「やっと一息つく」ことができる。

しかし、労働者が闘いに参加する機会は限られているうえ、ストライキの意識が低く、なぜ闘うのか十分に考えていなかったり議論もないと、ストが続くことはない。そうなると、ストの影響力と効果は大幅に軽減され、闘いに参加しているという意識を感じる労働者が多くいないため、意識や闘争心が高まらない。これは本書に紹介されている事例だけに限らず、多くのストで見られる現象となっている。労働者がストに入ると、「祭りのように賑やかで、気分も高揚する」だろうが、上司や政府関連省庁が対応を遅らせ、圧力が強まると、労働者はすぐに分散してしまう。目的が明確でない場合、力を結集することができずストは混乱のうちに終わり、労働者は落胆し疲弊する。実際は、次々に行動を起こすことで（道路封鎖、デモ、署名活動など）、こうした問題は一時的にでも回避できるのだ。

取材した労働者たちは次のように話した。「ストが通りに広がるまで大きくなるには、労働者間のつながりが重要だ。工場生産の繁忙期に行動すれば団交でも会社より優位に立てる」「女性が労働者側リーダーを守るために、その周りを囲んで前に出た（深圳市で起こった多くのストでは、特に男性労働者が警察と衝突し逮捕される可能性があると全員が認識していたが、警察は女性には指一本たりとも触れなかったからだ）」。口伝えで広がるこうした経験は、大きな意味がある。労働者の学習のために、自然発生的な抵抗から意識的な闘争へとできるだけ早く意識改革するには、この経験を総括、分析し、磨きをかけて拡散しなければならない。

第1章◉日系企業の工場において高温度手当を求めるストライキ

（2011年8月6日に聞き取り）

先細りしながらも小さな一歩になった

1985年湖北省生まれの小梅《シャオメイ》は、1人息子を実家に残し、夫と2人で深圳市で働いている。高校2年で家を出て、東莞市で品質管理オペレーターや品質担当として働いた。現在、家電製品の製造工場で働いているが、完美《ワンメイ》という市場調査会社でもパートとして働いている。

これまでも工場を転々としたが、転職するたびに賃金が上がっていた。しかし今回、転職した時に賃金が下がったのを見て、その前働いていた日本の工場（ここではストがあった）では、月給3000元と比較的高い賃金だったことに気がついた。ならば、なぜ高い賃金の職場を辞めたのか？ 勤続3年でも業務が変わらなかったからだ。彼女は中間管理職をやりたくなかった。監督はとても疲れるし、労働者からも嫌われる。それにそんな仕事はやったこともないからだ。いまの仕事で必要な経験は、すべて東莞市で最初に働いた工場で学んだという。そこでの在職年月はわずか2年足らずだったが、品質管理や品質担当員など様々な業務について学んだ。こうした仕事は、ライン業務よりいくらか簡単で自由で、ストレスも感じなかった。現場労働者は、業務の質や量によって評価されるだろうが、品質管理担当者は品質の責任だけを負い、業務が終わった後は自由にできる。また、様々な手当もあるので、賃金は他の労働者よりも高かった。

前の年に、小梅がストに関わったと聞いていたので、会って話を聞いた。誤解をさけるために記しておくが、彼女はスト計画者ではないどころか、なぜストが起こったかも知らなかった。たんに、すでに起きていたストに参加しただけだった。工場労働を続けることは考えられず、自分の価値観を実現してだれかに認められたかった。小梅は工場内で多くの労働者が不満を抱えていると感じていたが、対立やストにはよくない印象を持っていたため、多くを語りたがらなかった。マイナス面を忘れようとしていたからか、ストから1年しかたっていないのにストが勃発した理由などほとんど記憶になかった。それでもストについて語るにつれ、多少、興奮気味になることもあった。

工場の概況

この日本資本の工場は深圳市の経済特区外にある工業団地に位置するが、ここと支社工場で何千人もの労働者によるストが起こった。小梅が働くこの支社工場は、400~500人ほどの規模で、携帯電話のキーパッドのような精密機器を製造していた。本社工場では、家電製品を製造しているが、この2件の工場は比較的近くに位置し、食堂や寮を共有していた。

この工場では、管理者との関係を築くのが難しかったり、わいろのやりとりがあったりするなど、いくつか問題があった。すでに3年の勤務経験があったため月給3000元を約束されたが、小梅は他の部署に異動できなければ工場に戻るつもりもなく、結局辞めた。工場でもまだ学ぶことはたくさんあったが、昇級は難しい。地位の高い役職は、すでに先輩たちに取られていた。文書係の面接も2度受けたが、工場の内部に精通し個人的なつながりが必要だったため、最終的には採用されなかった。技術者として採用されるには、1000元から2000元のわいろが必要だという。さらに上司に夕飯をごちそうしたり、上司が連れてくる友人や親戚のために、職場の〝かわい子ちゃん〟などを誘わなければならなかった。職場内の男女関係はやや乱れていた。役職者は工場内でつきあう相手を見つけたが、よく相手を変えた。恋愛関係には利点もあった。楽な業務へ任命されたり、より高い賃金をもらえたり、昇格のチャンスなどが転がってきたりするからだ。女性から男性にアプローチすることもたくさんあったが、男性は遊び感覚だった。こうした工場には男性より女性労働者のほうが多いため、女性たちにとってこの状況を理解するのは難しくなく、次第にこうしたことではみな驚かないようになった。

ストの原因

ストが起こった原因のひとつは、高温職場手当が廃止されたことだった。Jさんによると、何年も続いた高温手当は、現場労働者には月100元、屋外作業者には150元が支給されていた。

2007年7月には、工場内にエアコンが設置されたため、高温手当が廃止された。もう1つの原因は、賃上げに関する問題だった。一般労働者の基本給は2007年7月、深圳市の最低賃金とともに上がったが、中間層である品質管理者や技術者、小さな部署の管理者などはほとんど恩恵がなかったため、たいした賃上げもなく、一般の労働者との間の賃金差が小さくなったことに不満を抱いたのだ。これら中間層と一般労働者間の賃金差は、月にして400元から500元だったが、調整後は100元から200元に縮まった。

2007年7月の給料日には、高温手当が廃止され、中堅であるにもかかわらず、一般労働者との間に大した給料差がなくなったために、本社工場でのストライキの引き金となった。

ストは突然起こった。その日、小梅はいつも通りに出勤したが、工場の門で同僚たちが出社する気もなくたむろしているのを見て立ち止まった。そこでは、ストが起こっているから出勤することはない、と言われた。200人から300人ほどの多くが日勤労働者で、夜勤の労働者は少なかったが、みな門のあたりに集まっていた。給料をもらえなくなるかと尋ねると、Jさんは、全員がストに参加しているので効果があるだろうから、給料は削減されないだろうと言った。

課長レベル以上の管理職はみな日本人で、面と向かって労働者とストの話をする者はいなかったが、ストに加担した労働者についての情報は管理職に通報するようにと伝えていた。30分ほど門のところで待った末、中国人の管理職が話をしに出てきた。小梅は彼らが何を言ったか覚えていないが、職場に戻るようにということだった。まじめに指示に従う労働者はだれもおらず、みな「会社が要求をきくまで職場に戻らないぞ」などと叫んだ。いろいろな要求が上がったが、夜勤手当の増額や賃上げ額の制限についての不満、食事のまずさなどあらゆる意見が噴出した。幅広い要求の中でもひとつだけ確実だったのは、職場には戻らない、という1点だった。

ストには一般労働者全員と中堅労働者数人が参加したが、それより職級が上の管理職からの参加はなかった。夜勤労働者が、まず日勤シフトに対して職場に行くなと話したことで火がついた。夜勤を終えた労働者が退勤したあと集まり、次第に人だかりができた。管理職に圧力をかける方法や、B大通り（この地域の幹線道路）を封鎖する計画、地元テレビ局への連絡や地元の鎮政府前での行動などについて様々な意見が出た。躊躇する人も現れ、労働者は分断した。B大通りにはすでに人が集まっていたが、現場に到着した交通警察と警備隊は、それ以上人が集まらないようB大通りを遮った。阻止線を突破した者もいれば、遮られた者もいた。

本社工場に行ってスト参加を呼びかけようと叫ぶ者もいた。警備員らが労働者を止めようとはしなかったため、みな本社工場の門へ向かった。携帯電話で本社工場で働く仲間に連絡して、いますぐ職場を放棄してこちらに合流せよと呼びかけた労働者もいたが、管理職がそれを食い止めて実現はしなかった。

その後、労働局は局員2人を派遣してきた。10人以上の警察官と警備員によって、正門に集まるスト労働者を囲むように非常線が張られた。工場前の道路は、大きな人だかりによって封鎖された。しかし、工場が位置するのは交通量の少ない工業団地内の片隅で、大きな問題にはならなかった。午前

10時、労働局員らが、労働者代表を選出して経営者と団交するように言ってきた。しかし、立候補するものはだれもいなかった。労働者代表がたった1人で、集団的に自分たちの要求を伝えることは不可能だとして、代表を立てずに集団的に交渉すると主張した。しかし経営側はそれを拒否。交渉は行き詰まった。労働局の努力はまるで無駄だった。スト労働者の幅広い要求や視点をまとめることができず、混乱した。だれも決断できず、集団の声に従っているだけだった。

長時間ずっと立っていることに疲れたのか、スト労働者たちは近くの文化センターに座りこんだ。夜勤シフトの従業員は、仕事が終わっても寮には戻らなかった。政府か会社からかは不明だが、昼に弁当が届けられた。昼の時間までは特に何も変わったことはなかったので、工場内の労働者も職場を離れて昼食を食べに行った。昼の休憩時間は30分だったが、その間、外の様子を見に来た者もいた。本社工場と支社工場では、わずかに賃金格差があった。本社のほうでは問題がそれほど顕著ではなかったため、ストに参加しなかったのだろう。

工場内の仲間を組織するため、場内に侵入しようと試みたスト中の労働者がもいた。それを止めに入った警備員も、昼頃には比較的落ち着いていたため、スト中の労働者はトイレ使用や水を飲みに工場内へ入っていった。一般従業員がいない工場内では、管理職がエアコンの効いた部屋に集まっておしゃべりをしていた。そこまで話して小梅は声をあげて笑い、続けてこう言った。「外は焼けるように暑かったのに、管理職はエアコンの効いた部屋で楽しく過ごしていたんです」。スト労働者が勝利すれば、管理職の自分たちも得をすると知っていたのだ。だからこそ、ストを止めようとはしなかったし、仕事に戻るようにも要求しなかったのだ。工場内でストをしても意味がないと知っていた労働者は、水を飲んだあともまた外に戻ってきた。

報道機関に連絡したところ、テレビ局の車が2台到着した。男性と女性のレポーターが、ストについてインタビューを始め、要求や経営者の反応などについて聞いた。コメントする労働者もいたが、リスクを避けたいジャーナリストはそれほど熱心に取材するわけでなく、結局放送はされなかった。

午後はだれも来なかった。スト労働者は疲弊し、管理職が囲むように立つ中、地面に座ったりした。交通警察が、抗議行動をさせないように鎮政府まで伸びる道路を封鎖した。午後2時か3時までには、鎮政府の前で抗議する話も出始めた。小梅がトイレから戻ってくると、鎮政府のほうへ向かって歩いていく仲間が10人ほどいた。交通警察官は暴力的で、警戒線を突破することができたのはほんの数人しかいなかったが、警官に連れ戻された。逮捕者が出たという話も聞いた。何かの法律に違反したということで連行されたようだった。捕まるのが怖くて無茶することはできなかった。数人が警戒線を突破したが、それ以外だれも動こうとはしなかった。寮に帰る人が次第に増え、人だかりは小さくなりはじめた。午後5時ごろには、もうスト労働者に注目する人も弁当を届けてくれる人もいなかった。食事は自分たちで食堂に食べに行くしかなかった。夜にはすべてのスト労働者が街頭からいなくなり、警察も引き上げていった。

仕事の再開とストの結果

夕飯のあと、タイムカードを押してから工場の入り口や売店でたむろしている人々の群れに戻ってくる労働者もいたり、そのまま宿舎へ戻る者もいた。ちょうどそのとき、各部門の責任者が自分の部署の労働者に職場に戻るよう説得し始めたが、みんな無視をして知り合いの同僚らとかたまりをつくっていた。しかし、これ以上その場に居座り続けることに意義を感じなくなった労働者らは、寮に戻って行った。ストを続けるべきだという人もいたが、次の日はみな仕事に戻った。それは、朝、正門に到着した労働者を警備員が工場内に押し込んだからだった。スト続行を希望した者がいたとしても、人だかりがなければストは起きない。

労働者がそれぞれの作業場に戻りはじめると、ストは次第に力を失っていった。工場内には、10人から20人ほどの小さい部署から大きな部署まであり、多くの部署に分かれていた。上司からの恫喝のもとでは、抵抗できない。小梅が働く部署でも、2時間抵抗したあと業務が再開した。「働かないやつは首だ」と脅される中、労働者はやむなく業務に戻ったのだった。ほかの部署でも、ガラス越しに周りが業務再開する姿を見て、同じように仕事に戻っていった。

その後、各部署の責任者から若干の賃上げが告げられた。技術者の賃上げ幅が一番おおきかった。小梅は時給で数毛〔毛は1元の10分の1〕の賃上げがあり、月の基本給は１３００元余りになった。一般労働者の基本給は、変わらず１１００元のままだった。高温手当は再開されたが、夜勤手当はないままだ。それ以上は思い出せないと小梅は言った。

第2章◉男性労働者が経験した2回のスト

（2010年4月9日に聞き取り）

長時間労働、賃金未払い、保険未加入……

家族を心配させたくない

兄は、2002年に大学に入学したが、1年で1万元以上の学費が必要だった。実家はちょうど家を新築したばかりだった。父は借金に奔走したが、お金を貸してくれる人はだれもいなかった。私は学校を中退して、家を手伝った。おじが、東莞市で管理職をしている友人に当たってくれ、就職するために私は街に出た。

2002年7月29日に私は実家を出て、仕事をするために広東省に来た。故郷から都市部に出てきたのは私を含めて13人。そのうちの10人が女の子だった。みな同じ村の出身で、それぞれ400元から500元の仲介料を払った。外の世界を夢見ていた私が当時本当に嬉しかったのは、実家から独立して自由になれることや、外の世界で働くと尊敬の目で見てもらえることだった。広東省で働いている人は、帰省すると村の人からうらやましがられた。みんなおしゃれで、たくさんお金を持っていた。携帯用のポケベルを持っている人もいて、村では話題になった。

当時は、怪我や病気などの労災があることは、考えてもいなかった。村の人たちは、帰省しても、おいしい話しかしなかったからだろう。家族を心配させないように、帰省者は苦労を心の奥底にしまっていたのだ、と後になってわかった。私も街でひったくりにあって手首を怪我したことがあったが、家族は本当に心配した。金があってもなくても、春節の休みには帰ってくるようにと言ったくらいだ。金がなければ実家から送ってくれることになっていたが、それ以来、家族を心配させないように問題があっても話さないようにしている。

最初のスト

広州市に着いた時、流花歩道橋を渡ったところで、私は客引きの運転手にかついでいた大きな網目のバッグを車に放り込まれ、自分も車に乗せられた。そして東莞市内のJエレクトロニクスの工場へと向かった。香港人が経営する中国資本の工場は5、6カ所あるが、ここはそのうちのひとつで、小型電卓を生産している。

仲介料を支払った後だったので、私には100元しか残っていなかった。兄が50元くれたので、最初はおいしい焼きそばを食べた。工場の仕事が決まったため、私は古い建物で、17人の労働者と二段ベッドに寝た。ベッドは50センチ間隔で置かれていた。寮の門には残飯を集めるバケツがあり、ひどいにおいがした。シャワーはトイレの上にあって本当に汚くてくさかった〔中国のトイレはほとんどがくみ取り式でシャワーが上についているため、トイレがシャワーの排水を兼ねる〕。

食堂の食事はひどいもので、ご飯には十分火が通っていないため食べられないときもあった。山西省から来た同僚が3、4人いたが、釜を持って管理職の事務所に行ったこともある。私たちはその後についていき、彼らが上司の机の上に釜のご飯をぶちまけたのを見た。経営者の悪口を口々に言いながら、料理がまずいのは我慢できるが、生煮えでは食べられないと言った。管理者は、のちに即席ラーメンを買ってそれぞれに与えたという。これにはだれもが喜んだ。その後数日間は、おかずにもう少し肉が使われるようになった。しかし、ご飯を炊く火力に軽油を使っていたので、その臭いがご飯に移り、食えたものではなかった。春節のメニューには朝鮮人参の豚肉炒めがあり〔実際は、普通のニンジンと豚肉の炒め物だったが〕、みんな喜んだ。管理職用の特別食堂では、魚や肉をたっぷり使った料理が毎日出ていた。たまに同郷の管理職が持ってくる残飯を、みんなで漁って食べたものだ。

私の業務は、ラインでコンダクタに半導体チップをつけることだった。初日は、手が痛くなるほど忙しかった。仕事は午前7時半から夜の12時半までで、残業も多く、夜通し働くときもあった。2003年の春節では、旧暦の大みそかは48時間休まず働いた。

日当は9・5元で、残業代は1時間1・15元だった。平日はほとんど休みがなく、1年に1日か2日休みがあるだけだった。物を買うお金がなくなったときが一番辛かった。給料日には、お腹いっぱい食べたいと思っていたが、最初の給料日は45日後だったので、手元には借りた50元しかなかった。

1カ月もインスタント麺を食べ続けたときは、ついに嫌気が差した。最初の給料は89元（11日分）で、手に取ったときには胸が高鳴った。初めて給料をもらうのはドキドキした。

工場労働では、1カ月に200元貯金することができた。一番多い時には食費を引いても、500元の貯金ができた。こうして年の初めには毎年、大学にいる兄に3000元を送ることができた。

労働者が抵抗する原因は、低賃金や不当な罰金だと思う。小さな違反をしただけで、100元から200元の罰金が科せられる。給料がたった300元なのに、罰金まで取られたらゼロになってしまう。管理者は労働者を怒鳴り散らして、謝罪までさせる。賃金未払いもよくあることだった。毎月15日が支払日だが、何日も遅延することが多かったため、労働者が抵抗することとなったのだ。

私が参加したストは、未払い賃金が発端だった。その日、門のところで先輩たちが労働者を職場に行かせないように止めていた。古参の労働者がリーダーシップをとっているところを見て、人事部長は彼らに職場に戻って仕事を再開するように指示したり、再開するなら哨子麺などおいしいものをやる、などと言っていた。古参の労働者らはお互いをよく知っていて、工場での勤務が長い人たちだった。ほかの労働者は、彼らが門を塞いでいるところを見ていた。雰囲気が楽しそうで、私も「みんなが仕事に行かないのなら、私も行くのをやめよう。私だって相当長い間、休みをもらっていないんだから」などと考えていた。みんな給料が支払われることを目的としていたため、その行動はストライキとは呼ばなかった。会社側は、リーダーとラインの管理者を呼び、みんなを作業に戻らせるように言った。同郷の管理者に反抗するのは気分が向かなかったので、私は仕事を再開することを考えた。そのとき、チームリーダーが仕事に戻るように指示したが、それは形だけのものだった。工場側は、新たに労働者を探すのは簡単だから、辞めるのでも続けるのでも勝手にしろと言って脅したのだ。

男性は仕事を探すのが難しく、滞在許可書の取り締まりもきびしかったので、私は首になるのではと少し不安だった〔2000年代であっても、警察が農民工に滞在許可証の提示を求めることはよくある。雇用先がなければ即収容され、村に強制帰還させられる〕。このとき、失業しないことが最大目的となった。しかし午前中は、仕事に行かず仲間とテレビを見た。同じラインの労働者もみんなスト中で、きつい仕事に不満を言っていた。

その日、告知が貼られた。そこには、銀行に十分な金がないため、給料の支払いを2、3日待ってくれと書いてあった。それを受けて中には仕事に戻った人もいるが、寮に行ってから午後になって仕事を再開した人もいた。これでもうちの工場はまだ最悪の事態ではなく、比較的みんな満足していた。

工場をやめるのも不利

東莞市に出稼ぎにきた13人のうち、残ったのは4人だった。私は、おじが会社の管理職に電話をして私の面倒を見るように頼んでくれたおかげで、倉庫業務へ配置された。仕事は本当にきつかった。月給は300元で、頻繁に出張があった。給料も悪かったので業務自体も好きになれなかった。忙しくないときは、倉庫へ忍び込んで夜の10時まで寝ていたこともある。

昇格を希望したいと上司に話したが、一般従業員を管理職にした例はこれまでないと言われた。工場で昇格するのは、本当に難しい。一度、退職したが、偽物の身分証明書を使って同じ工場に戻った。そのときは日当で1・5元多く、残業時間代も0・1元以上多くもらえた。しかし、それでもまだ満足しなかったので、再度退職した。当時の規則では、退職した労働者がすぐに給料が支払われることはなく、退職した後に自分の代わりに給料を受けとる人間が必要だった。その代理人には100元から200元の手数料を支払うことがふつうだった。私は、上司に頼んで2カ月分の給料900元を受け取ったが、上司には200元支払うはめになった。

2回目のスト

2003年、私は、Jエレクトロニクスの面接を受けた。面接では、故郷と就職経験について聞かれただけだった。真面目そうだというのが採用された理由だった。ここでは、腰に巻くと熱を発する電気腹巻のようなものを、欧米輸出のために生産していた。社長は、中国国民党の党員だった。

ここの職場環境は、ほかの工場よりもずっとよかった。8人部屋の各部屋に温水器もあったので、ここで仕事ができることを喜んでいた。3日働いただけで、初めての給料も200元もらえた。業務自体も、前の工場よりずっと簡単だった。徹夜の残業のときには、上司が暖かいミルクを差し入れてくれた。毎日朝礼があり、そこでは、品質問題や生産状況などについて説明があった。入社したての頃は時間厳守したが、次第に遅刻するようになった。

私の業務は、同僚と2人で電気毛布の糸を引くことだった。1時間に30本がノルマだったので、2

時間で60本引いた。それが終われば、後は休憩できた。残業もあまりなく、最近では夜10時には終業している。夜通し働くことはめったにない。

工場で1年も働くと、私は古参になった。当時は契約書も保険もなかった。2004年6月と7月に、厳しい納期で働くことになり、1日も休みが取れなくなった。毎日夜勤もしなければならず、完全に疲弊した。管理職の同郷者がチームリーダーになり、生産目標を常に引き上げ、しまいには1カ月100個から200個へと増やした。リーダーは、私たちの作業の最速時間をストップウォッチで計り、これをもとに新たなノルマを設定した。これを達成するため、過労で意識を失う仲間も出た。だれもがリーダーを辞めさせたいと思っていた。

私たちの作業ラインの横には超音波室があり、ここでは熱した接着剤を使って2枚の布を貼り付ける作業をしていた。以前一緒に糸引き作業をやったことのある同僚がそこで働いていたが、厳しい労働にみんな不満を言い、もう辞めたいと頻繁に口にした。のちに、彼らは私たちのところにやってきて、仕事を放棄してチームリーダーを追い出すように言った。そして、秘密裏にストライキについて情報拡散したが、リーダーと仲の良い友人がその情報を漏洩したため、新一佳という大型スーパーに集まって、仕事の後に話し合いをすることになった。

お昼を食べてから昼寝をして、出かける前に仕事着から普段着に着替えた。それでもリーダーに寮の門で止められ、着替えて仕事にでるようにと言われた。これから仕事に行くところですよ、と言ったらリーダーは驚いた様子だった。彼がいなくなってから、4、50人の人が新一佳に集まった。会社はこれを止めることはできなかった。ほかのラインで働く労働者も、私たちのストを聞きつけて職場放棄した。

スーパーの入り口で話していると、上司、事務員、チームリーダー、ライン監督者、そして物資担当者など10人ほどが、職場に戻るよう言いに来た。私たちはすぐ解散したが、私たちをよく知る従業員が霊芝公園に集まるよう言ったので、30人くらいが作業着で集まった。そこで工場に対しての要望書を書き、その場で各自署名した。中には、解雇を恐れて署名しない人もいた。主要目的は、チームリーダーを追い出すことだった。私たちは労働契約書も保険もないことを要請書に記述し、労働者側は団結していると書いた。

事務員がどこにいるのかと電話をしてきたので、公園にいると伝えると、上司が仕事を再開するよう指示を出すため公園に来た。そこで、私たちはまた解散した。そのあとは買い物に行く人もいれば、洗濯する人、寮で寝る人など様々だった。仕事をしてない私たちを見て、別の工場労働者もその晩ストに突入した。私たちのような古参労働者が良い例となったようだった。

その日の夜、ライン監督者と新一佳で待ち合わせて話し合いを持ったが、工場が私たちを解雇しようとしていると言われた。翌日、古いほうの工場でもストが起こったので、労働者はみなそれを見に行った。3日目、江南デパートで遊んでいる間に、社長が台湾からやって来た。社長は、私たち60人あまりの労働者を広場に連れて行った。そこで、ある上司が代表を選出するよう言った。それぞれに20元ずつ支給するとも言った。20元ぽっちで買収されるものかと思ったので、だれも動かなかった。

すると社長は「大陸のおまえらは20元じゃ買収できないのか」などと言ったが、私たちは無視した。社長はオフィスに来るように言ってきたので、私らはすぐに10人ほどでオフィスへ向かった。そこで彼は私たちの要求を書き留め、早急に対応するよう台湾本社で検討すると約束した。そして毎月1回、ケーキ付きの話し合いを開くことに決めた。その時はまだ職場放棄したままだったが、午後に職場を覗いてみると、働いている人はひとりもいなかった。私を見た管理職は「実家から遠く離れていると、友人を頼らざるを得ないだろう。金が必要ならいつでも言うように」と言ってきたが、嘘っぽく聞こえた。

1週間ですべての問題を解決すると約束した告知が貼られた。職場に戻るようほかの仲間にも伝えなければならないため、3人の同僚と上司の車に乗った。古い工場で全体会が開かれ、そこで上司からこってりお説教を受けた。そして「言いたいことがあるなら、意見箱に入れるようにして、騒ぎは起こさないように。大陸に投資して工場を開設するのは、地元経済の発展のためなのだから」などと言われた。

次の日、仕事を再開した。1週間後に、基本給が580元から590元に増額された契約を締結した。労働法にそって残業代も支払われ、保険にも加入した。寮の住環境も改善が見られた。そのあと月給が2000元ほどになり、結果として近隣工場よりも給料が多くなった。私たちストの主導者なるものたちは、ブラックリストにのり、解雇はされなかったが、それぞれ違う部署に異動させられた。私は、数年後にライン監督者になるはずだったが、異動させられただけで、昇格はなかった。追い出したかったチームリーダーは職場に残り、引き続き彼が設定した生産ノルマを満たさなければならなかった。

ストの際、しきりに要望書に署名するようほかの労働者を促していた警備員は、もともとこの仕事を辞めたかったようで、解雇補償金を受け取って辞めていった。そのことを批判する労働者もいた。

いろいろな思い

スト中の労働者の関係は、なかなか良好だった。団結した労働者のストの矛先は、経営者に向かっていた。労働局に電話した人もいたが、それはまるで役に立たなかった。ストの経験がある仲間が、ひとりでは無力でも大勢いれば何かを達成できることを教えてくれた。ストに対する会社側からの報復を気にする人はいなかった。まるで経験がない私は、「ストライキ」が何かも知らず、ただ仕事を放棄することだと思っていた。だれもが、説得される必要なくストに参加した。みんな自由意志で参加し、代表は自然に現れた。中心的な存在は、工場勤務が長い同年代の古参の労働者で、人的ネットワークがあったため、みんなをまとめることができたのだ。ストが終わった時は、基本的に満足だった。また同じ問題が起これば、ストをするだろう。今では多少であれ、経験がある。こうした団体行動は、しっかりした人的ネットワークが必要となるため、今後はこの経験が生きるだろう。生産繁忙期にストをすることで、労働者は団交で有利な立場に立てる。

私たちのストが成功裏に終わった理由はふたつある。ひとつは、厳格な納期の元で作業していたた

め、上司が神経質になっていたこと（最後の商品は従来の船便でなく空輸で送る羽目になった）、そして
ふたつめは、労働者が工場をよく知っていたことだ。
ストのあと、私は1年以上同じ工場で働き続け、2005年12月に会社を辞めた。

第３章◉電子機器工場でのストライキ（２００５年）

（２０１０年12月11日に聞き取り）

過労死も出すほどの過酷な労働環境

高校からの大変な暮らし

私は湖南省の出身で、２００４年に高校に入学して1学期だけ通ったが、その後出稼ぎに出た。その理由は、１９９６年に自宅を購入して以来、家族の生活が苦しくなったからだった。１９９７年には母が病気になった。父はおじとともにレンガを作っていたが、おじがなんらかの理由で投獄されてから廃業することになってしまった。

親戚の多くは工事現場で働くために出稼ぎに行き、父は親戚や村の仲間たちの後を追って道路建設の仕事をするために出て行った。しかし、経済危機のために1年間ほど賃金が未払いとなった。母方のおじは人夫出しの手配師だったが、彼にも賃金の支払いがなかった。おじに仕事を出していた下請け業者も1銭も受け取っていなかった。それでもおじは父に、給料として500元、それにもう500元を足してあわせて1000元を払った。この資金がなければ、私たちは旧正月を祝えなかったほど困窮していた。

おじはその後、建設現場の労働者を大勢集めて元請け会社の社長の車のタイヤを外してしまったため、社長は丘の上あった掘建小屋に逃げ隠れてしまった。おじは上司を少しばかり脅しただけだが、父はひどく怒ってそいつを強く殴り病院送りにした。そいつは、旧正月の休暇中に家まで来て慰謝料を要求した。周りはみな、父がやりすぎたとして父のせいにした。この事件があってから、職探しに父を誘う人はだれもいなくなってしまった。

私たちの農地は少なく、親は1人っ子政策に違反して妹を生んでいたので、家族は慢性的に食糧不足に悩んでいた。母は農薬アレルギーで、畑で農薬に触れると病院で点滴治療を受けなければならなかったため、農薬噴霧の作業はほとんどできなかった。兄は勉強ができたのに、畑に農薬を撒く手伝いをするため近所の高校へ転校した。家庭の事情があったので、学校の先生は理解してくれた。畑では農薬を使わなかったため、収穫した米はほとんどもみ殻だけで、近隣の家から米を分けてもらうしかなかった。家計は火の車で、兄と私は学費も払えず、学校で働く親戚が学費を免除してくれた。

高校1年生のとき、兄が長沙の大学に受かり、金型設計を専攻した。両親は、男の子は高教育を追求すべきだという信念をもっていたため、兄の大学行きを経済的に支援しようとしていた。私はそれほど成績がよくなかったので、高校を中退した。

はじめての採用

学校を中退した後、ってもなくどこで就職活動をすればいいかわからなかったので、仕事を見つけるのは大変だった。私より先にいとこが仕事を探しに出ていたのと、別の親戚が一時帰郷していたため、就職先を探しにその親戚と共に順徳(広州市近くの都市)へ行った。テレビで工場を見たときは、しっかりした建物にタイルの外壁で、造形も懲った清潔な環境だったため、とても素敵なところだからここで働けたら楽しいだろうと思っていた。当時は、こうした工場で一生懸命働き、お金を稼いで成功するんだと考えていた。

私が行ったときには、工場では労働者採用をしていなかったので、いとこと親戚夫婦とアパートの地下に住んだ。そこは、シングルのベッドが3台置かれ、それぞれカーテンで仕切ってあった。3組の夫婦と子どもが生活していた。夏には夫婦がベッドで、子どもたちは床で寝た。みな繊維工場で働いていたので、工場から布を盗みカーテンやシーツとして使った。私は日中はこの部屋で過ごし、食事をした。暗くなると、同郷の人が内緒で私を工場内の寮に連れて行ってくれたので、そこで寝泊まりした。女子寮が3棟、男子寮が2棟あり、1棟に10部屋ずつあった。寮はトタン造りの平屋で、夏はとても暑かった。労働者のほとんどが工場の敷地内に住む一方、家族持ちは外でアパートを借りていた。寮は無料だったが、管理者がいなかったので好きな時に部屋を変えることができた。会社の従業員でなくても、制服や従業員証を借りて工場に入り、寮で寝泊まりすることができた。

採用時期まで半月待って、やっと採用された。面接時にはばかな質問をしたものだ。「蚊帳は支給されますか？」と聞いた私に、面接官は呆れてこう言った。「エアコンがないのかとなぜ聞かないのですか。私はもう何年もこの会社で働いていますが、蚊帳を支給する会社なんて聞いたこともありませんよ」。

当時私は、自分のキャリア形成を計画していた。最初の2カ月で各職場の作業を覚え、3カ月目の終盤にはすべての作業工程に熟練し、半年で品質管理の仕事に就いて、1年以内にラインリーダーになるつもりだった。しかし実際に入ってみると全く違っていた。

工場の外観は綺麗だった。それまで平屋にしか住んだことがなかったので、階段をあがって上の階に行くことにわくわくした。しかし、職場の機械は汚くて、仕事は疲れる作業だった。そのギャップは大きかった。働き始めの頃は仕事がとてもきつく、いつも泣きながら実家に電話をかけた。母は私に学校に戻って欲しかったようだが、それはもう無理だと思っていた。

死者も出るほどの過酷な工場労働

電子機器工場（以下「H」とする）はS市のL鎮に位置し、モーターや炊飯器や電子レンジでつかうファンを製造している。高速道路の横にあり、バスを降りるとすぐだ。600人余りの従業員がいる中で、大半が女性だった。私は2004年夏にH工場に来たが、2005年、端午の節句のスト直後に退職している。

給料は「集団歩合給」だった。最初の2、3カ月の間は、職級のない新入社員だったため、月給はたった450元だった。そこから食費90元が引かれた。就職したときはまだ伸び盛りのティーンだったので、食欲も旺盛で普通の人の3倍も食べた。朝食の焼きそばは0・5元で、それを3杯食べた。稼ぎが一番多い月で、給料は630元にもなった。

在職期間が長ければ長いほど職級は上がった。ラインのリーダーが職級を決めるため、リーダーに好かれればそれだけ昇格が早かった。私が働く工場はそれなりに待遇が良かった。いとこは10年働いてラインリーダーになり、貯蓄した金で故郷に家を建てた。しかし倒産にともない、工場はXL鎮に引っ越した。

仕事の注文が多かったので、1年を通して国慶節〔中国の建国記念日〕が1日休みとなる以外は、ほとんど休みが取れなかった。毎日最低でも12時間働いた。午前8時から午後10時まで12時間労働だった。真夜中まで仕事をするときもあったが、急な納品があると逆に朝早く始業する日もあった。3棟の寮は、トイレが7、8カ所あり、シャワーはトイレと一緒だった。夜はトイレが混み合うので、順番を決めて使用した。毎日仕事でヘトヘトになるため、夕飯を諦めて、その時間にシャワーを浴びる人もいた。

ストをする前は、月給の最高額は630元だった。中には、800元以上支給された人もいた。ラインリーダーは1000元ほど稼いでいた。仕事は大変で、意図的にサボタージュすることもあった。職場に内緒で食事を持ち込み、商品に油や塩をかけて錆びやすいようにしたこともある。ひまわりの種の殻や髪の毛などのごみを一緒に梱包することもあった。こうして怒りを発散していた。管理職や社長が職場に常駐することはできず、いたとしても何が起こっているか把握できないほど多くの労働者が梱包作業をしていたのだ。

商品が配達されると、客は使い方がわからないので、それに対応するため私たちも現地へ送られることがあった。これまでに東莞や深圳、虎門などへ足を運んだが、それは楽しかった。

職場では、椅子から立ちあがって歩き回ることは禁止されていた。長時間労働で死ぬ人もいた。しかし、過労死は夜勤の人が多かったため、従業員でそれを知る人はほとんどいなかった。補償金が支払われたのかはわからない。それ以降、その作業場で働くことが怖くなった。寮で亡くなった人もいた。会社は遺族に13万元（約220万円）を支払ったという。社長はいい人だとみな思っていた。別の同僚は、当て逃げの交通事故に遭い、植物人間になってしまった。会社は、私たちから寄付を募ってその労働者に支給したが、社長は私たち従業員よりも多く稼いでいるにもかかわらず、私たちに寄付をさせるとは相当がめついと思った。それでも、私たちは少しずつ出し合って数千元をあげた。みな低賃金で働いていることを考えたら、これだけの額が集まったのは感動的だった。親戚は、仲間が寄付集めに奔走していたことやたくさんの仲間が病院にも見舞いに行ったことなどを教えてくれた。入院した当人は、それほど好かれている人ではなかったが、それでも悲惨な事故に遭ったのでみなとても同情した。私もこの事件を悲しく思った。

ある小さな闘争

仕事では、シンナーを使うことが多かった。はじめはこれが有毒だと知らず、ペンキを剥がす時や床の清掃にも使っていた。暑い季節には、体にも塗った。匂いはきつかったが、これをつけると涼しくなり気持ち良くなった。ある時、足がひどく腫れたが、シンナーが原因だったのかはわからない。このとき1週間ほど高熱で寝込み、病気休暇を取りたいと行ったが、わたしの上司は同郷でも意地悪な人で、「あんた、自分のことを何様だと思ってんの？　水商売の娼婦とでも？　実家を離れて仕事しに来ているのに、休みをくれだなんて」などと言った。これは大げんかに発展したので、仕事を辞めたくなった。彼女が私の言うことに耳を貸さないため、私は社長に報告することにした。社長の部屋は作業場にはなく、警備員がいるオフィスビルに入っていた。警備員に止められないよう、私は制服を脱いで普段着で建物へ入った。社長の部屋まで走っていったが、ドアの前でおじけづいた。秘書が誰を探しているのか、社長は不在だと言ったので、私はマネージャーと話がしたい旨を伝えた。マネージャーのK氏に、病気休暇の件について話すと、彼は理解してくれたようだった。彼は私の職場の上司に電話をして、つまらないことで自分のところまで来させるな、休暇を与えろと言ってくれた。K氏はいい人で、人間の温かみがある人だという印象を受けた。

ストライキ

ストは、2005年6月25日〔旧暦の端午の節句の日〕前後だった。この日は給料日で、もともと会社は午前中に給料を支給すると言っていたのに、私のラインの給料を引き下げたので騒ぎになるのを恐れたのか、支給したのは午後4時半以降だった。仕事を5時半に終えた私たちは、給料を受け取った後で議論する時間がなかった。しかし、給料が低すぎることは知っていた。他のラインと同じ作業をしているのに、私たちの給料は他の従業員よりも100元低かったのだ。チームリーダーは私と同じ歳だった。管理職との関係があまりよくなかったようなので、賃金交渉に失敗したのだろうということだった。主任が、彼女には私たちライン労働者をまとめる能力がないなどと、よく彼女を非難し、泣かせているのを見たことがあった。

他のライン労働者はすでに給料を支給されていたのに、私たちだけがまだ受け取っていなかった。周りではおしゃべりがはじまり、これから何が起こるかなどを推測する人もいた。午後2時に仕事を止めたが、だれも状況を説明しに来なかった。そして午後4時半に給料が支給されたが、予想したとおり低かったため、だれかが「今晩の残業はやめよう」と言い、特に事前に打ち合わせたわけではないが、みなその提案に賛成した。

同じラインで働く40人以上の仲間が、その夜職場に来なかった。代わりに、会社の向かいにあるホテルで1人20元の食事をした。高かったが、ひとりも欠けることなくそこに集まった。職場以外の場所だったため、仲間たちとも話しがしやすかった。管理職が、職場放棄を先導したのはだれか聞きつけるかもしれないと話し合った。だれかが、告げ口するヤツは許さないと言った。みな不満をぶちまけた。私のような強情な仲間が他に2人と、長期雇用されている男性が5、6人、ほかの女性たちもとても弁がたつ人だった。みな口汚くののしっていた。工場から要求が何かを聞かれても答えられるように、不満や要求をそれぞれ出しあった。私は日記にすでに記載していたので、その中から多くの意見を要求項目に追記したが、仲間には、私からの要求だと言わないように頼んだ。翌日、それらの要求を私が紙に書き出して、みんなで署名した。他にも要求が出てくるだろうと思ったので、少し空欄を残した。管理者の名前をサインする箇所もあった。

仕事を放棄する間、何をするか話し合った。そこで、午後はみなで遊びに出かけることにし、管理職が帰った後に寮に戻ることにした。その後、みんなで公園や河川敷に行った。長い間行ったことがなかったので、とても楽しかった。雨が降ってきて行くところもないので、40人以上で散歩に出かけた。みな制服のままだったので、通行人から不信な目で見られた。結局、ある女性労働者仲間のアパートに押しかけた。40数人全員と彼女の家族3、4人で部屋がぎゅうぎゅうになったが、少しだけ酒を飲んでから昼寝をした。翌日何をすべきかも話し合い、だれかがお寺に行こうと提案した。

雨がやんだ頃、次のステップについて議論した。みな別々の寮に住んでいるため、寮を変えてもらい、隣同士の部屋に泊まるか、ひとつのベッドに2、3人で眠るのはどうかなど話し合った。そうすれば、管理職が来ても一緒に対応できるからだ。また会社が交渉する気になったときの労働者代表をだれにするかも話し合った。その時はみんなで一緒に対応することにした。

チームリーダーは、このストには全く関わっていなかった。現場主任が寮で彼女を見つけた時には編み物をしていたが、彼女は、労働者がスト中であるため自分が職場にいる意味はないと言った。私たちが部屋に戻ると、彼女は現場主任を連れて部屋にやってきた。2人は、私に給料が欲しいかなどと聞いて脅し、はなからひどい態度だった。

私は比較的勤務歴が長いほうで、作業工程のことも把握していたため、よく他の部署の仕事もあてがわれた。その時は、工場内を歩き回ることもできたので楽しかった。あるとき資材を取りに行くと、1枚の紙を見つけた。そこには納期が書いてあり、納期に間に合わなければ罰金が発生するとあった。私たちが製造している商品の納期が間近にせまっているのがわかり、もし私たちがこのまま働かなければ、会社から私たち労働者に働いてくれと懇願することになると考えた。主任は威圧的だったので、私たちは彼女を無視した。すると彼女は、会社はあなたたちを悪いようにはしないから、などと言って取り入ろうとした。私たちは彼女の言うことを聞かず、毛布のなかに隠れて、「そんなの嘘に決まっている」などと言った。彼女は、部屋を歩き回りながらだれが発言したのか聞き取ろうとしたが、無理だった。すると今度は泣き出して、自分も労働者だと主張してきた。みんなに職場へ戻るよう説得するのが自分の役目だと言う。それでも私たちは彼女に同情しなかった。みんなは「いままであなたは何をしてたの」と口々に言ったが、それは、職場放棄をした午後の時点で、私たちに対して何ら理解を示そうとさえしなかったことへの非難だった。この女性に対しては、だれもが文句を言いたいといつも思っていた。彼女はいつも男性のような格好できれいな女性従業員とおしゃべりをするのが好きだった。みな、彼女のことをいやらしい奴だなどと陰口を言っていた。

男子寮へは別の管理職が説得に行ったが、労働者はだんまりを決め込んだ。

翌日、私たちは会社が調査し始めたことについて心配になったので外出した。というのも、だれかが不安になって密告するかもしれないからである。式典会場で集合し、みんなで一緒に出かけた。職場監督が行き先を聞きつけたようで、現地で私たちを待ち伏せていた。気をつけろ、過激になるなと忠告してきた。上司は地元の出身なので地元暴力団とのつながりもあるかもしれないと、私たちも自分たちの身の安全に注意を払った。

この朝、外食にムダ金を遣いたくない仲間もいたので、私たちは公園に行った。管理職はチームリーダーを呼び出し、私たちを探し出すよう指示した。そのあと、私たちのラインの資材担当者に連絡をしてきた。携帯を持っているのは、彼と数人の古参の労働者だけだったからだ。チームリーダーは、私たちがどこにいるのか、何をしているのか聞いてきた。資材担当と彼が話している最中、私たちは極度に声をひそめて注視した。資材担当の仲間が私たちを裏切るのではないかと心配したからだ。もしそうなったとしたら、すべては終わりだ。彼はとてもおしゃべりでずる賢いため、私たちは彼を信用していなかった。携帯電話を取り上げてしまおうという人もいたが、結局そうはしなかった。

チームリーダーは、私たちと会いたいと言った。彼女が（チンピラのような）「怖い人たち」を連れてくるのではないかと不安にもなったが、彼女がそんなことをするわけがないと思い直し、会うことに決めた。彼女は私たちを食事に招待すると言うので7、8人で向かった。みんな怒りに満ちて覚悟を決めてストライキをしたような人間だった。彼女は、ストがどういう結果をもたらすか説明し、会社のスト対応について説明した。私たちは、ストの直接の理由は賃金が低すぎるせいだと言ったが、彼女はなぜその月だけ賃金が低かったのかを説明した。賃金は以前から低かったと言うと、黙ってしまった。チームリーダーは、私たちのために工場側のスタンスを伝えに来たのではなく、ストのリーダーがだれなのかを探るために来ただけだということがわかった。

次に彼女は、マネージャーが私たちをホテルの夕飯に誘っていると言ったが、全員一緒でなければ行かないと伝えた。怖がる者もいれば、なんと言っていいかわからない者もいた。チームリーダーが全員は無理だというので、相談して5、6人が代表して行った。私たちがホテルに着くと、「副社長」とマネージャーが2人いた。この副社長Lは、もともとエンジニアだったが、オーナーの仲間入りをして副社長になったのだ。2人のマネージャーは、営業と生産課の人間だった。ビールを何ケースも飲んだが、要点にも触れず、他愛もないことを話しただけだった。副社長とマネージャーは、私たちと友好関係を築こうとしていた。副社長が私の出身地を聞いてきたので、湖南省だと答えた。彼は、自分も湖南出身だと言ったが、本当は江西省の出身だった。彼は口が達者で自慢話ばかりしていた。私は酒を飲まないと言ったが、副社長が乾杯をしているのに拒否するのは失礼だとチームリーダーが言うので、つがれた酒をこっそり床に捨てた。十分酒を飲んだ後、副社長が、酒も飲んだし十分休んで楽しんだだろうから、もう仕事に戻る頃合いじゃないかと言ってきたので、こちらはみんなと相談しなければなりません、と答えた。スト労働者の要求は一体何か、と聞いてきたので、お互いに話し合いが必要だ、と伝えた。そして、まずは職場に戻って、そこで話し合いをしようじゃないかと約束し合った。

食事から戻ってくると雰囲気が一変していた。私たちが転向したのではないかと疑われ、中には動揺する人もいた。「こうなっては今晩は別々に寝るのは危険だ」ということになった。そして、先ほどホテルで話したことをすべて報告した。年長者はそれでも疑っていた。

3日目、職場に戻ったが、交渉には会社側からはだれも来なかった。あれだけたくさん酒を飲んだので、マネージャーたちはもう問題は解決したのかと思ったのかもしれない。現場主任がラインを動かしたが、私たちは彼がいなくなった途端にラインを止めた。だれが止めたのかと聞かれたが、答えなかった。誰も仕事を始めようとしないので、どうして仕事をしないのかと聞いてきた。マネージャーが話し合いに来るのを待っていると伝えた。1時間ほどしてマネージャーが到着。私たちのラインには、私が「お姉さん」と呼ぶ、強くて怖い女性がいる。彼女は読み書きができず自分の名前を書くこともできないが、非常に雄弁で例え話もうまく、道理の通った話をして、とてもわかりやすい。昨晩は、口を滑らすことを恐れて、彼女はマネージャーらとの食事会には出席しなかった。マネージャーとの話し合いではずっと彼女がしゃべり続け、私たちの要求をぜんぶ伝えてくれた。マネージャーはそのうちいくつかには応じると答えた。

①早朝シフトをなくすこと。

②給料日は、銀行に預金しに行けるよう、少なくともその日の晩は残業をさせないこと。本当は休日にするよう要求したかったのだが、それは現実的ではないと思ったため、残業なしだけとした。

③食事の改善。肉を食べさせること。食堂は社長の義理の妹が請け負っているため、改善するのは難しいだろうと管理職は言ったが、別の工場の食堂を利用するよう提案された。

④100元から200元の賃上げ。
⑤労働者の出勤人数に応じて、生産目標を計算すること。人数が少ない場合は、生産量を削減すること。
⑥職場でこれまで支給されなかった手袋を支給すること。
⑦ストライキを決行した従業員を解雇しないこと。

終わりに、マネージャーは、不明な点があればいつでも直接連絡するようにと、自分の電話番号を残していった。この人はいい人だと、宝物を見つけたようにみんなで喜んだ。みんながそれぞれ彼の電話番号をひかえた。最初は、電話に出てもなんと言ったらいいかわからないと思っていたが、のちにこの電話番号はでたらめだったことがわかった。

他のラインのスト、他の労働者と親戚の態度

他2本のラインで働く従業員は、私たちのストが悪くない結果を出し、管理職側も交渉に応じたと思っていた。そのため、ストをすれば、会社が労働条件を再検討してくれると思ったのだ。彼らも同様に1日仕事を放棄したいと考え、ストに入った。夜勤シフトの労働者は出かけ、仕事を休んだ。なかには、寮や職場に居残る人もいた。数時間はたむろしていたが、チームリーダーの指示で仕事に戻った。彼らのラインではその日の給料が引かれるという話がされていたので、多くの人が職場に戻った。そのラインの人間は、もし賃金がカットされたらチームリーダーをぶん殴ってやると言っていたが、賃金は差し引かれずにすんだ。

工場内では、ストの話でもちきりだった。お湯を取りに工場に行くと、私たちは〝スト中のラインの連中だ〟と呼ばれた。ストが終わっても、他のラインへ仕事の応援に入れば、ストのことを聞かれた。他の労働者は、私たちの話を聞くと途端に会社への不満を吐き出した。他の寮にも呼ばれ、ストの話をした。みんなとても興味を持ち、驚いていた。しかし話題は常に、スト自体の話よりも、管理職側に対する不満に集中した。自分らが日々低賃金で奴隷労働を強いられている一方で、チームリーダーは1日中遊び呆けているのに給料は自分たちより高い、という認識だった。男の職制はぶん殴ってやるか、やりこめてやるかと言った。女性の職制に対しては、一生結婚できないくらい罵ってやるなどと言っていた。チームリーダーに対しては悪態をついたが、現場主任は別だった。彼は勤務歴も長く経験も豊富で、地位も上だったので、懲らしめることは難しかった。いずれにしろ私たちは怒りを発散しているだけだったが、別の工場では管理職が暴行にあったと聞いている。

私のいとことおばは、おかしいのは騒ぎ立てた私のほうだと言った。まるで仕事を真面目にしていないとでも思っているようだった。この工場では長く勤務している人もいるし、待遇も悪くないので、真面目に一生懸命働くべきだと言っていた。

スト後の分断と個人的な反省

ストの後、給料日まではみな一生懸命働いた。給料が上がり、ストの成果もあったため、労働者間の団結は強かった。しかし給料日の後になって、賃上げ率が全員一律でないことがわかり、対立が生まれはじめた。私は他の人よりも上げ幅が大きく、300元近くもアップした。管理職に取り入ったからだと言う人もいた。職場管理者が、ストを牽引したのは私かと聞くので、冗談まじりに「自分にそれだけの影響力があったら、こんなところでは働いていませんよ」と返すと、彼女は、ストを誘導したのは私だとほかの労働者から聞いていると言った。賃上げの後、女性従業員3人が事務所へ行き、なぜ私だけ給料が格段に上がったのかと説明を迫った。私がよく遅刻したり、頻繁にトイレに行ったり水を飲んだりするため、彼女らは私を嫌っているようだった。しかし、実際は、私は昇格したために給料があがっただけだった。この後、職場のだれもがあからさまに私を嫌うようになったのは悲しかった。仲の良かった友だちでさえ突然疎遠になり、私の目の前で物を投げるなどの行為も見られた。彼女らと私の賃金差は数十元ほどだったのに、そこまでする必要があるのかと思った。

ストはそれほど成功したとは言えない。長期間続かなかったし、インパクトも小さかった。賃上げはあったが、3、4カ月でそれも元に戻ってしまった。会社は、数カ月ごとに賃上げをするはずだが、損失を埋めるために、スト後はこの公約を破棄したのだ。そして早朝シフトもまだ続いている。

私が会社を辞めたのは、以前と比べて受注が不安定になり、賃金が十分でなくなったからだ。結局、同じ鎮にある別の工場に勤めた。

ストに積極的に参加した活動家たち

このストに参加した活動家は、男性労働者が複数と闊達な女性の先輩たちだった。梱包の職場で働く女性と資材置き場の人間は職歴が長かったので、みんなから信頼されていた。40代の女性数名は、工場では比較的職歴が長く、仕事もゆっくりとして、陰でチームリーダーを批判するのが好きだった。ユーモアのある話し方で、みんなから好かれ、いつも多くの人に囲まれていた。私たちよりも年のいった子どもがいる女性もいたため、冗談まじりに「おばあちゃん」などと呼んだ。面倒見がよく、インスタント麺やみかんなど、残業中に差し入れてくれた。職場に内緒で食べ物を持ち込み、作業台の下に隠したりしていたのだ。若い連中はそのような経験や習慣もなかったので、いつも腹を空かしていた。彼女たちはたいした教育も受けていなかったが、話の内容はいつも正しかった。彼女たちは湖北出身で、田舎に帰っても手紙をくれた。若い連中はそれほど積極的ではなく、実家が経済的負担を抱えていたものばかりだった。なかには私と同年齢だが13、14歳で出稼ぎにきた者もいて、みな口々に、前の工場よりもましだと言った。前の工場が悲惨だったので、ここには比較的満足しているようだった。

総括

私は以前は大きな工場で働くことが好きだった。受注は安定していたし、残業が毎日のようにあったため、給料も滞りなく支給された。みなこういった職場を望む。離職率は低く、辞める人は1カ月に1人か2人だった。

寮が管理されていなかったため、労働者が自由に部屋を交換できることが利点だった。ストライキ中は、団結を強化するため隣同士の部屋に移動した。だれだかわからないように、管理職と話をするときは毛布をかぶった。

ストライキ以前は何も知らなかったので、怖いもの知らずだった。多くのことを学んだ今は、心配事が増えたとも言える。

（後編）ストライキのリーダーたち

リーダーになる素質と管理職の立場

沿海工業地帯は30年に及び、主に、低賃金と時間外労働をともなう労働強化を基盤として拡大してきた。このことは市場の条件がどうなろうと、変わることがなかった。労働者の所得は低く、容易に低下した。最低賃金は数年来引き上げられてきたが、労働者の総収入は（手当の廃止や労働強化によって）もとの水準に戻ってしまうことがしばしばあった。そのため、資本側と労働側の衝突が多発した。一方で、過去10年間〔２００３年からの、珠江デルタで労働力が不足していた期間を指す〕、珠江デルタでは雇用が十分にあったため、労働者は、解雇や辞職をあまり大きな代償だとは考えなかった。現場の管理職でさえ（特に若い者は）、職場を変えることになったとしてもかまわないと考えた。これがまさに、ストライキが起こりやすい要因なのだ。

珠江デルタでは、ストライキを主導するのは主に労働者だが、現場の管理職の場合もある。行動に出る理由は、労働者の利益が集団的に損なわれた、あるいはただ不公正に怒りを覚えた、といったものだ。紙面が限られているため、本章に収録したのは、実際にストライキを率いたごく一部の者たちのエピソードである。

ストライキのリーダーとなった労働者には、多くの場合、以下のような特徴がある。この地に出稼ぎに来てから長く、友人・知人が多い。どちらかといえば技能がある、または少なくとも能力が低いとみなされてはおらず、職場の負担になるような者ではない。通常、付き合いやすく力になり、信頼できる者である。生産の要となる部門を動かしている技術スタッフの場合もある。物事をよく考え、自立心があり、不公正のはびこる環境のなかで敢然と前へ出ることをいとわない人々なのである。

２０１１年、賃金未払いに抵抗して、香港資本の電子機器工場で起きたストライキでは、法的権利の擁護に関する情報を普段からみなに伝えていた倉庫責任者が、一部の同僚とともに行動した。彼は電気を遮断して、工場を全面操業停止に追い込んだ。２００５年には、ある電子機器工場でのストライキで年配の女性労働者たちが重要な役割を果たした。彼女たちは勉強は得意ではないが、勇気があり、果敢に声を上げ、そして同僚たちのことを思いやる人々だった。

現場の管理職もストライキに打って出たのはなぜか。彼ら（ラインリーダーや班長、グループリーダーなど）は一般労働者と異なり、生産労働の一部を免れている。労働時間は同じだが仕事の負担が少し軽い。ラインリーダーの多くは少し早い時間に出勤するので、（たとえば年末のボーナスのような）勤続年数に応じて決まる各種の付加給付によって、管理職の仕事は軽減し、収入はかさむ。彼らのほうが待遇が少しよいため、労働者の収入が（たとえば、残業代が減額されたりして）減ると、両者の対立がさらに緊張を増すこともある。ここで重要なのは、労働者の怨嗟は直接ラインリーダーに向かうということだ。

「上から押さえられ、下から焼かれる」ことになるのである。現場の管理職が生産停止を促したり命じたりするのは、通常、工場内の矛盾があるレベルにまで達したことを意味する。

労働者がストライキに突入すると、闘争の間のコミュニケーションと信頼をどう保つかが、大きな問題となる。時に、労働者が自分たちを擁護してくれないと先鞭をつけた者たちが不満を抱くこともある。電気を切って生産を止めたことのある倉庫責任者は、自分が警備員に「連行される」のを周囲の労働者が黙ってみている様子を目の当たりにして幻滅した。さらによくあるのは、ストライキを始めた者たちは賄賂をつかまされて敵側に寝返るだろう、と労働者が噂を簡単に信じてしまうことだ。２００４年に香港資本の電池工場で起きたストライキでは、労働者代表が政府に嘆願書を出しに行ったが、戻って来ると社長から金を受け取ったと思いこまれて、労働者はみな屈服してしまっていた。代表たちは全く怒りのやり場がない思いをした。

労働者の安易な幻想と教訓

一見すると、ラインリーダーたちは一般の労働者より、指示を出したり行動をまとめたりすることに長けているようである。たしかに彼らのほうが、組織全体にとってよりよい結果を出せることもある。前述したストライキでは、ラインリーダーのなかの採用担当者が労働者の士気を大いに高めたが、労働者は（ラインリーダーたちがストライキを計画するさまを）「仕事の割り振りをするのと全く同じようだ」と感じたのだった。しかしラインリーダーが高圧的に指図できるのは、労働者が受身で従順な限りにおいてのことで、ストライキが進展すれば、必ず労働者の積極的な関与が必要となる。本書や他の資料からわかるのは、ひとたびストライキが始まると、現場の管理職であれ労働者であれ、その先をコントロールすることはほとんどできない、ましてや決定権を握るようなことなどない。労働者や現場の管理職では、ストライキを率いた経験はないのが普通で、実践的にも思想的にも準備などできていないのだ。ストライキを始めた者たちが事前に検討していたとしても、それを十分な人数に伝えておくことはできないし、行動が始まったとたん、ハチの巣をつついたような騒ぎになるのはまず避けられない。

２００５年に深圳の大きな電子機器工場で起きたストライキでは、リーダーとなった現場の管理職数人がいろいろな計画を考えていた。たとえば、労働者集会でしっかり秩序を保って進めようと彼らは訴えたが、生産停止の合図が送られた後、興奮した労働者がひと塊になって上へ下への混乱が生じた。率直に言って、ストライキ行動のこの段階においては、先導したのが誰かなどどうでもよい。ぶっつけ本番で行動するしかないのが普通だからだ。

労働者の立場からすると、現場の管理職がストライキに加わったり、あるいはリーダーにまでなったりするのは、早期に勝利するためであるかのように見えるかもしれない。しかし、実際はそう見えるだけにすぎない。労働者の多くは、主管や部門の責任者は「社長からも一目置かれていて、社長と協議することもできる」と考えており、任せておけばいい結果がもたらされるという幻想を持っている。そのため闘争の難しい局面では、踏ん張りどころへの心構えがなくなってしまうのである。本書に詳述されているケースを含め、数え切れないほどの事例から、こうした考えが思い違いにすぎず、意味がないことがわかる。

本書から一例を紹介しよう。2010年、香港資本のバイク部品の工場で、現場労働者から昇進して部門の責任者になった者が、「社長から非常に信頼されている」と評判だった。彼がリーダーとなって、賃金カットに抗議するストライキを打った際、労働者たちは彼がオーナーとの間に立って仲介をしてくれるだろうと幻想を抱き、闘争継続のためのしっかりとした戦略を立てていなかった。社長が「(部門責任者を指して)お前が一生刑務所から出られないようにしてやる!」という言葉を投げかけて交渉決裂を宣告すると、労働者たちは混乱してしまい、降参するしかなかった。

実は、労働者と経営者との間に位置する管理職たちは、(労働者出身であっても)妥協したり裏切ったりしやすいのだ。管理職というものはいつも会社のオーナーに忠実であるよう思想的に訓練されているので、問題が起こると無意識のうちにオーナーの視点からこれを見てしまう。会社が破滅しそうな状況では、彼らは労働者よりもそれを好転させようとする気持ちが強い。結局のところ、労働者がはしごを上って管理職層にたどり着くのは大変なことなのだ。別の会社に替わったら、一番下から始めなくてはならないかもしれない。ストライキを始めるとき、彼らはたいてい正面切った衝突に耐える気力がない。ストライキのリーダーとなる管理職には2つの重要な特徴が見られる。彼らは小さな問題は上手に処理するが、最後までやり遂げることはない。

２００９年、深圳の変圧器工場でのストライキでは、ある班長が生産停止を命じ、社長に最初から最後まで誠実に話をした。「これはみんなのためを思ってやっているんだ。全て、表に出ていなかった生産管理上の問題をなくすためにやったこと」だと。このストライキによっていろいろ改善できたが、班長の努力というより、むしろ納期に遅れることを社長が恐れたからだった。徹頭徹尾、労働者の側に立つ、例外的な管理職はいるのだろうか？　もちろんいる。が、多くはない。

どうすれば労働者はもっとうまくストライキを引っぱっていけるだろうか？　そのためには連帯の基盤を確立し、積極的に参加することだ。管理職の参加を拒んだり、リーダーシップにすぐに頼らないこと。各部、課、チーム等々の労働者から代表を選ぶこと。そしてみなの要求をまとめ、闘う手段を追求し、闘争の中心的なリーダーたちを――それが労働者であれ現場の管理職であれ――支持しかつリーダーに説明責任を求めること。そうすることによってのみ、労働者はだまされずにすみ、より多くの要求を勝ち取ることができるのだ。

第4章◉女性労働者が語る、3回のストライキ体験

（インタビュー実施：2010年5月21日）

パワハラ、不当な賃金への抵抗を経てリーダーに

中学で村を出て働く

女性労働者・阿菊《アージュー》は1987年生まれ。民族は壮族で、広西省のある村で育った。中学生の時、家族に黙って兄の後を追い、広東省に働きに来た。村を出たのは学業を続けたくなかったからだ。働いて自立し、金を稼ぎたかった。旧正月に出稼ぎに出ている村出身の若者が、新しい服を着て帰省する姿を見て、阿菊はうらやましく思い、年寄りたちも「お前も出稼ぎに行けば金が稼げる」と言った。

当時、阿菊の兄は東莞市の文房具工場で働いていた。年上の従姉妹の1人も東莞の印刷工場で働いていた。2004年5月、従姉妹がインダクタ〔電子部品生産〕工場で仕事を見つけてくれた。阿菊は当時まだ17歳。働き始めてたった3カ月で初めてストライキに加わることになり、驚いた。

インダクタ工場で初めてストライキを経験

インダクタ工場で働いている間、阿菊は自分が造っている製品の名称をまったく知らずにいた。労働者は通常、製品を番号で呼んでいた。しばらくして阿菊は他の工場に移り、現場の監督職になってさまざまな製品を扱った。そのとき初めて、前の工場で造っていたのはインダクタだと知った。そのインダクタ工場には１７００人から１８００人の労働者がいて、阿菊の部では３００人から４００人ほどが働いていた。各現場には生産ラインが７本ないし８本あった。ラインごとにグループリーダーがいて、一番少ないところで20人の労働者を監督していた。阿菊は最初、包装のラインで40人以上と働いたが、２、３カ月もすると、包装、検査、はんだづけなどの仕事もおぼえた。

現場での敵意と日常的衝突

阿菊のいた現場に７つか８つあった生産ラインには、それぞれグループリーダー、リーダー補佐、さらにはリーダー補佐代理までいたので、現場全体ではこうした現場責任者がかなりの人数いた。グループリーダーの任務は、レポートの作成と、〝食後ミーティング〟を仕切ることだった。（毎日、朝、昼、夕食の後にミーティングがあり、その際グループ長は生産状況、品質、労働規律、注意事項等々について話をすることになっていた。）グループリーダー補佐の主な任務は、労働者に技術的な指示をすること、及び指示を守らない労働者を注意することだった。グループリーダーたちはほとんどすることがなく、必要以上の人数がいるように見えた。現場の一級管理職のなかでふだん責任者を務めていた副主管は、しばしば全員の前で誰かを怒鳴り散らした。彼女もグループリーダーも不良品を見つけ出しては、労働者をいじめるのが好きだった。「副主管はほんとに嫌な奴だった。管理しすぎ」と阿菊は言った。労働者は、副主管の悪口をトイレのドアの裏によく落書きした。

主管は労働者と直接関わることがなかったので、割といい人のように見えた。よいお巡りの役は主管がやって、副主管は悪いお巡り役、というのが基本だった。では現場のみなは主管のほうが副主管よりましだと思っていたのだろうか？　阿菊はそうは思わなかったと言う。主管は、副主管が労働者を叱りつけているときに、間に入ってとりなそうとはしたが、かといって本当に労働者のことを思っていたわけではない。労働者のなかには、不良品を見つけ出しては労働者をいびる副主管以下の管理・監督者としばしば口論になる者もいた。どの現場でも、毎日3000個ほどの不良品を取り除かなければならなかった。管理者はしばしば労働者の傍らに立って、労働者自身に不良品を見極めるよう言った。労働者が見逃すと隣から手を出して不良品を取り出し、労働者を叱責した。時には工場長や部長までが現場に降りてきて、身振り手振りで怒鳴ったりわめいたりして、労働者のミスを指摘したものだ。要するに管理者連中は「何にもせず、ただ労働者を罵っていただけだった」。

虐待や叱責、非合理的な生産組織に対する不満のはけ口として、ありとあらゆる手を使って、こっそりとサボったりささいなトラブルを起こしたりする労働者もいた。阿菊自身もしばしば、同じようなことをした。ラインの男性のグループリーダーは、手持ち無沙汰だとしょっちゅう走ってきて、彼女が見たこともないテレビ番組のことなどを大声で話しておしゃべりに引き込もうとしたが、阿菊はこれにはまったくイライラさせられた。阿菊は梱包の仕事をしながら、不良品をわざと通してしまうこともあった。一度、グループリーダーから叱責されている最中に、コンベアの上に頭の高さまで積まれていた製品の山を無言で押して、床にぶちまけたりもした。副主管がすっとんできて「どうしたんだ？」とわめいたが、彼女は黙って仕事を続けた。グループリーダーも副主管も何も言えずにいた。グループリーダーから、壁際に立って訓話を聞くように言われたが、壁際に立って靴底を壁に上下に擦りつけ、汚い足跡をつけた。罰として高い窓の掃除を命じられると、窓枠を踏みつけて目茶苦茶にした。

ときどき阿菊は、何の欠陥もない製品をトイレに流したり、さらには、わざとトイレを詰まらせたりした。でも苦情を書いて投書箱に入れたり、社長に逆らったりしようとは全く思わなかった。グループリーダーを怒らせてやりたかっただけだ、と彼女は言った。阿菊は他の労働者よりも大胆に、不満を態度に表した。故郷を離れて6年間働くなかで、自分と同じような人には会ったことがない、と言った。なぜか？　ほとんどの労働者は臆病だからだ、と彼女は考えていた。

社長との関係について、阿菊はあるできごとを語った。夜残業をしてひどく疲れた時、労働者はテープレコーダーで音楽をかけた。すると1人の年寄りが来て、向かいの宿舎では寝ている者がいるのだから少し音量を下げろ、と言った。爺さんは、麦わら帽子にスリッパという格好だった。南方のサトウキビ農家のようだった。誰だ、この爺さんは？　なんだって人のことに口出しするんだ？　と思ったが、みんながこの爺さんが社長だと知ったのは、後になってのことだった。彼は時々現場にやって来たが、労働者を管理したり、批判したりはしなかった。彼らと口を利こうともしなかった。だが、阿菊はそれが別にいいことだとも思わなかった。この話をしたときの彼女は、明らかに冷淡だった。

賃金

工場に入ったばかりの労働者の賃金は時給制で、月収は800元から900元だった。技術を身につけると、出来高払いで1100元から1200元稼ぐことができた。グループリーダーは一般の労働者よりもかなりいい賃金を得ていた。時給、残業代、歩合で、計2300元から2400元稼いでいた。グループリーダーには、労働者に時給で払うか出来高で払うかを決めることもできた。労働者のなかには管理職の親戚がいた（中には1人、年齢が70歳を越えている者がいた）が、彼らは、1日8時間労働で月2000元を上回る額を稼げるような、賃金のいい仕事を得ることができた。

労働者たちの関係

労働者たちがお互いに付き合う時間はほとんどなかった。朝は8時前に現場に着いていなくてはならなかったし、仕事が終わるのは5時だった。月に26日働かなくてはならなかった。表向きは、週末の残業は希望者のみがすることになっていたが、実際はほぼ毎日曜日に残業を強いられた。買い物に行ったり、友人と会食する時間などなかった。時間があればただ寝る、という生活だった。阿菊自身もそうだった。宿舎の部屋には、彼女と同僚1人、警備員3人、警備員の親戚2人の7人が一緒に暮らしていた。

働き始めてから1カ月して、阿菊は部署を異動になり、ある管理職からのパワハラにあった。「1カ月我慢した」後、退職届を提出した。副主管は彼女を叱責したが、主管は（阿菊が割と技術があるほうだったので）留まるようにと彼女をなだめ続けた。阿菊は彼に言った。「辞めさせてくれるか、それでなければ、別の部署へ異動させてください」。そこで、阿菊は技術部署のはんだ職人として働くことになった。ここには労働者が40人から50人くらいいた。仕事は一定の技術が求められるものだったので、まず特別な研修を受ける必要があった。賃金は、全体での出来高に対して払われる仕組みだったので、比較的平等だった。

阿菊が以前働いていた梱包部署では、比較的年齢が高く40歳くらいだった。一方、技術部署ではほとんどの労働者が17、8歳から20代だった。みんなでいるときは、よく笑ったりしていて、比較的楽しくやっていた。とても頑張って働いた月は、以前の1点あたりの賃金で計算すると、1800元ほど稼いだのではないかと思われる。だが副主管は「労働者の賃金が高くなりすぎる」のがいやだったので、1点あたりの賃金を引き下げた。そのため、労働者は1人、1200元ほどしか得られなかった。

抵抗とストライキ

ある日、技術部署で賃金の支払いがあった後、労働者たちは、賃金が不当だと公然と声を上げて議論した。不当に下げられた分の賃金を遡って支払うよう要求し、ある「食後ミーティング」で、工場労働者の先頭を切って、グループリーダーにぶつけた。仕事のスピードは落ち、労働者は、仲間と話し合うために持ち場を離れたりもした。プレッシャーを受けて、グループリーダーは副主管に話しに行った。副主管は、数日後に賃金を上乗せして払うことを承知した。そのときはみな副主管を信用し、過去の不足分は1週間後に払うよう要求した。

1週間たったが、不足分が支払われる気配はまったくなかった。ある日の午後6時、誰だったかはっきりしないが、労働者のうちの誰かが、残業を拒否してストをしようと提案した（後になって社長が、ストをしようと言い出したのが誰だったのか突き止めようとしたが、労働者にとっては誰が最初に言い出したのかは重要ではなかった）。現場の全員がすぐに賛成した。

グループリーダーに、全員を食事に招くよう求めると、彼はためらうことなく承知した。グループリーダーの賃金は労働者の賃金とリンクしているし、彼の恋人がここで働いていたので、グループリーダーはみんなと仲良くやっていた。労働者は何組かのグループに分かれて、食事をしたり、ぶらぶらしに行った（はんだ付け部署の作業棟は3フロアすべてを使っていた）。グループリーダーはみんなを食事に連れ出した。1階の労働者十数名がグループリーダーと一緒に出て、他のグループリーダーも3人加わった。何人かはスケート場へ遊びに行った。日勤の労働者も、夜勤の労働者も工場を出て行き、職場にも寮にも誰も残らなかった。その日の夕方、全員が残業を拒否したので、翌日の朝になっても、誰も日勤シフトに来る者はいなかった。

「そうやって、ストを始めました。クビにしたいんだったらクビにしろ、ってね」。食事中、阿菊はよく知っている同僚2人と話をした。彼らは、もし経営側から攻撃されたら全員で辞めることになるだろう、と考えていた。この2人は他の労働者にも同じ話をしたのかもしれない。

翌日工場で屋外集会が開かれた。ストをした労働者たちは、前列に立たされた。部長はかんかんになって「仕事をしないのか！　お前らの部署はどうしたいっていうんだ⁉」とわめいた。すでに退職届を出していた18歳の女性労働者が言い返した。「払ってない分のお給料を払って！」と。部長は「クビになりたくない奴は現場に戻って、シフトにつけ。罰金は1人100元だ。働きたくない奴は横に出ろ。そして給料を受け取って出ていけ」と、労働者にその場でどちらをとるか決めるよう迫った。

先ほどの若い女性がすぐさま横に出た――が、彼女が振り向いてみると、そうしたのは彼女だけだった。他の労働者は全員、作業場に戻ってしまったのである。彼女も他の者を追って建物に入った。労働者は静かに、どうするか話し合い始めた。そして次の一幕に、部長も主管も凍りついた。

1人の労働者が作業場に置いていた自分の湯呑みを取って出て行った。それから、作業場に戻った労働者全員が（前夜の夕食に加わった、技術部署の4人のグループリーダーを含めて）1人ひとり、湯呑みなどの私物を手に取って出て行ったのだ。明らかに、全員が〝横に出〟たい、つまり、辞めたいと思っていたのだった。前の晩に阿菊が話をしたのは女性の同僚2人だけで、他の人が何を考えていたのかは知らなかったが、暗黙の合意は、彼女にとって少しも意外なものではなかった。実は、多くの人は辞めたいと思っていなかった。でも、部長が罰金をとると言って脅したので、ここにいてもしょうがないと考えたのだ、と彼女は言った。部長が罰金のことを言い出さなかったら、多分彼らは出ていかなかっただろう。

それにしても、なぜ労働者は作業場にあった湯呑みを持って行ったのだろうか？　阿菊の説明はこうだ。「髪の毛1本ここに残していくもんか、っていう意味ですよ」。つまり彼らは、全く価値のないものでさえ、会社に残しておいてやったりはするまい、と思ったのだった。

作業場に戻るのには、他の部署をいくつか通り抜けて行かなくてはならなかった。そこでも十数人の労働者が辞めたいと言い、彼らも技術部署の労働者の後に続いて出て行った。出て行った者は50人を超えた。主管は「しっかり働きもせず辞めたいというのか。お前らみたいな連中をどうしたものか、俺にはまったく分からん」と言ったが、労働者は大声で笑っただけだった。その日の午後、彼らは賃金を受け取り、宿舎の布団を荷造りして、工場を去った。

その後、阿菊は12、3人の同僚と一緒にアパートを借り、仕事を探した。女性労働者のなかには、数カ月分の賃金で服を買う人もいた。一緒に仕事探しもした。しかし、十数人の男性の同僚は、辞めた工場から電話で戻ってきてほしいと言われた。彼らの仕事は技術を要するため、これだけの人数の代用者はすぐには見つからなかったのだ。復職すると、賃金は跳ね上がった。ストライキ以降、管理職は恣意的に製品1個あたりの賃金を下げるようなまねは、もうしなかった。

ストライキ後の感想

阿菊にとって、もっとも重要だったのは団結だ。ストライキをするに至った最大の要因の1つは、労働者が若く、家庭のプレッシャーがなかったことだ。彼らには、次の仕事が見つからないかもしれないという心配がなかった。阿菊には、社長に経済的な損害を与えてやろうという意図はなかった。ただ管理職を困らせて、さっさと問題を解決したい、と思っていただけだった。阿菊にとって、ストライキは「楽しかった」。彼女は「ストが気に入った」のだ。

2度目のストライキ――電子機器工場でストを率いる

2006年、阿菊は2度目のストライキに参加した。ストは、阿菊が勤め始めてちょうど1カ月目に起こった。工場は東莞市にあって、K電子機器工場という、携帯電話の充電器を製造する会社だった。5人の中国人ビジネスマンが共同経営し、そのうちの1人が阿菊をこの工場に引っ張ってきた。阿菊にとって初めてのストが起きた前の工場では、彼女は現場の管理職だったが、K電子機器の社長は、彼女が「失業した」と知り、自分の工場に雇い入れたのだ。阿菊は生産部に配属され、グループリーダーとなった。その生産ラインでは20人から30人くらいの労働者が働いていた。阿菊の基本賃金は月1200元と残業代で、月収は2100元になった。その社長は阿菊を高く評価し、宿舎では、事務職員や管理職の住むエアコンつきの部屋に入れてくれた。

K電子機器での初日、工場で、7人の労働者が関わる抵抗行動が起きた。それはこういう事情からだった。工場は、近隣の別の工場と協力関係にあった。阿菊が初めて出勤した日、他のラインのグループリーダーが、彼女のラインで働く男性労働者7人を、協力関係にある工場に行かせる手配をした。「研修」という名目だったが、実際に行ったところ、仕事をするように言われた。労働者はこれを不満に思い、戻ってきてから抗議をし、ストライキをしたいと思った。阿菊は、（彼女を採用した）社長が言ったことを思い出した。「労働者をちょっとだけよく扱ってやるんだ。彼らの〝ご機嫌をとる〟ことを覚えなさい」。そこで、労働者に自分の顔をたててくれるよう、つまり、ストライキをしないでくれるよう頼み、その晩夕食をおごると約束した。こうしてその件は解決した。もし彼ら7人がストをしていたら、ライン全体が通常どおり稼働できないところだった。

グループリーダーと労働者の関係は、概ね緊張をはらんだものだった。主管、副主管やグループリーダーはしばしば労働者を叱責した。労働者がグループリーダーに呼びかけるときは「グループリーダー」とか「ボス」と言わないと厳しく罰せられた。労働者は、グループリーダーが無礼に振る舞うのは、彼らがみな既婚者で、経営者と親しいからだと考えていた。阿菊は他のグループリーダーたちと比べて、労働者をずっとよく扱った。最初に工場に入ったとき、労働者のなかに彼女を「ボス」と呼ぶ者がいて、それを聞いたときには阿菊は「全身鳥肌がたった」。

彼女は労働者に、どうせ時給制なんだからあまり頑張って働かなくてもよい、と言った。労働者にはいくつか気がかりなことがあった。生産目標の設定が高過ぎること、残業時間が長すぎること、などだった。ある男性労働者は、以前品質部でＱＣ（品質管理者）として働いていたが、主管は彼を目障りだと思っていたので、わざと辛い目に遇わせた。生産部に異動させて、そこでも嫌な目にあわせ続けた。ある日の真夜中、主管が宿舎に駆け込んできて、彼に直ちに宿舎から出ていくよう命じた。彼の親友（その親友は、先述の抵抗行動をした7人のうちの1人だった）が彼をかばったが、主管は警備員を呼んで、2人を追い出した。

翌日朝礼が始まったとき、阿菊は2人がいないのに気づいた。他の人たちに何があったのか聞き、前夜起こったことを知って激怒した。「そんな決定、私は認めていない。前もって私に知らせないなんて、人を馬鹿にしてる」。真夜中に解雇されたあと、2人はどこで過ごしたのだろう？ 路上で寝たとでも？ そんなことできるわけがない。考えれば考えるほど腹が立った。そして、生産ラインのグループの全員に言った。「これじゃあ今日の人員配置をきちんと決めることなんかできない（ラインに1カ所欠員が出たら、代わりの人を見つけなければ仕事がそこで止まってしまう）。みんな、そういうことでやってちょうだい。今日は製品が1個できれば上出来としよう（通常1日の生産量は数百あった）」

こうして労働者は働くのを止めた。生産ラインは動いていたものの、1日中ぶらぶらしたりおしゃべりしたりして過ごした。阿菊はクビになった男性労働者たちにショートメールを送ったり電話をかけたりして、ストライキのことを伝えた。彼女は、彼らが解雇されたのは不当だと考え、腹を立ててストライキをしたのだ。主管が駆けつけてきて、何が起こっているのか、ストを先導しているのは誰か、と聞いた。誰もひとこともしゃべらなかった。このとき阿菊は大きなプレッシャーを感じた。労働者はストを先導しているのが彼女であることを言いつけたりはしない、と信じてはいたが、それでもやはり、ばれたら賃金がもらえないと心配になった。そのとき彼女を雇った社長もやってきた。「働きたくない者は脇へ出ろ」と主管が言った。阿菊は脇へ出た。社長はすぐに向かってきて彼女を止めようとしたが、阿菊は動じなかった。労働者は脇へ出なかったが、口々に「働かない」と言った。結局、生産ラインの労働者全員が阿菊と一緒に辞職して、賃金を清算した。

3度目のストライキ――別の小規模電子機器工場で労働者全員がスト

3度目のストライキは、東莞市内で100人以上従業員を抱える別の携帯充電器工場で起こった。このとき阿菊は、(政府が発行した)身分証をなくしていたため、小さな工場の一般製造労働者としての職にしか応募できなかった。仕事は意外にも簡単に見つかった。書類を1枚記入しただけで、採用が決まった。仕事は携帯充電器の検査をすることだった。職務経験があったので、この仕事もすぐにできるようになった。

この工場には大小さまざまな問題があった。賃金は低く、支払われた賃金に偽札が混ざっていることもあった。労働者が退職を希望しても辞めさせてもらえなかったし(阿菊は入社してすぐ、この問題を抱えた労働者に出会った)、食事には虫がたくさん入っていた。

ある日の朝食は麺だった。多くの人が食べ終わった後で、この麺が虫だらけだとわかった。食堂はとても暗く朝は電灯をつけないので、食べてしまった人は気づかなかったのだが、後から、もっと注意深い労働者たちが椀を外へ持ち出してチェックしたのだった。労働者は阿菊にこんな冗談を言った。

「早く朝ご飯を食べに行って！　麺の中におまけのおやつが入っているから」。阿菊は何だろうと思い行ってみたが、彼女の麺には何も入っていなかった。――その時までには、工場の管理職が虫を掬い出していたからだ。阿菊は麺の中へスプーンを入れ、椀の底を掬ってみた。よく見ると、小さな虫がたくさん入っているのが分かった。労働者たちは、現場に戻ってシフトの仕事を始めてからも、このできごとや工場の他の問題について話し合った。

議論は昼食の時間にも続き、そこで何人かの男性労働者がストの話をはじめたようだった。多くの労働者がもう仕事には出ないと言うので、阿菊も行かないことにした。午後2時半か3時ごろ、生産部の主管が宿舎に来て、労働者に仕事に戻るよう言った。同僚が何人かあちこちへ走って行き、ある棟に集まるようにと全員に告げて回った。阿菊も親しい同僚と一緒に行ってみた。その寮には10数人か20人くらいの労働者が集まった。ほとんど互いに面識がなかったが、とりとめのないおしゃべりを始めた。

見たところ、全部の生産ラインから、誰かしら来ているようだった。主管は入り口のところに立って、出てくるようにと怒鳴ったが、労働者はそれを無視し返事もしなかった。とうとう主管は、食堂で交渉をして問題を解決しようと提案した。そこで労働者たちは宿舎を出て食堂へ向かった。工場中の労働者が食堂にやってきた。主管がなぜストをしたのかと聞いたが、労働者は黙っていた。主管は労働者の名前を呼び上げて、1人ずつ言わせることにした。ありとあらゆる〝答え〟が返ってきた。「食事が足りない。だから働けるだけの力が出ない」「まだお給料をもらっていない、これじゃ働く気になれるはずがない」「食事がよくない」「辞めると言ったのに、辞めさせてくれなかった。それなのになぜ仕事に出なくちゃならないのか」

ストライキの結果、食事は改善された（肉が増え、味もよくなった）。賃金に偽札がまざることもなくなった。給料日も20日から、近隣の大きい工場と同じ15日になった。2、3週間してから阿菊はこの工場を辞めた。ここでのストでもっとも問題だったのは、一つには労働者の要求が小さすぎたこと、二つには準備が足りなかったことだと阿菊は考える。

ストライキを引率するときと一参加者のときの違い

以上3回のストライキはすべて、東莞の電子機器工場で起こったものだ。ストが起こった原因はそれぞれ異なる。給与のピンハネ、主管が恣意的に労働者を解雇したこと、そして、食事が悪かったことだ。いずれの場合も、ストに関わった労働者はその後辞職した。阿菊自身は2回目（2006年）のストライキではリーダーとなり、1回目（2004年）と3回目（2007年）では、他の者が始めたストに加わった。リーダーのときと一参加者だったときの心理的な違いについて、阿菊は次のように話した。

①リーダーになったときは怒りが強かった。ただ参加しただけのときはもっと面白くて楽しかった。特に、初めてのストでグループリーダーが食事に連れて行ってくれたときは、とてもうれしかった。

②リーダーだったときのほうがプレッシャーを感じた。他の労働者が、自分がストのリーダーである

ことをばらしてしまうのではないか、また、賃金がもらえないのではないか、と心配だった。ただの参加者だったなら、全員が賃金を得るか、誰も得られないかのどちらかでしかなかったわけだが。また、採用してくれた経営者の前では、恥ずかしくて気が咎めた。

③リーダーとして、主管が「働きたくない者は脇へ出ろ」と言った時には、実際に脇へ出た。他の労働者は後に続かなかったものの、みな働きたくないと言った。これにはいささか申し訳ない気持ちがした。その場ですぐに辞めないよう助言もした。グループリーダーとして他の労働者を率いたのに、みな辞めさせることになってしまったと人から思われたくなかったからだ。ただ他の者についてストに加わり、後で退職したときには、このような気持ちは感じなかった。

工業地域でのサバイバル状態と心理的展開

2004年からの6年間、阿菊は工場を頻繁に移り、全部で20社を超える会社で働いた。頻繁に転職した理由の1つは、若くて好奇心があったからだ。より条件のいい工場を見つけたかったというのがもう1つの理由である。そういう職場を見つけることができるかどうかは運次第だ、と阿菊は考えていた。

6年間働いても貯金はほとんどできなかった。インタビューの際、彼女は手許に150元しか残らなかったと言った。しばらくは年上の男のいとこのところに居候し、それからまたやりなおすつもりで、その準備をしていた。近年、若い労働者の消費に関する考え方は大分変わり、たくさん金を使う。

しばしば連れ立ってダンスクラブや買い物、外食などに出かけ、少ない賃金をすぐに使いきってしまう。

懸命に働いて出世する気持ちはないのかという問いに、阿菊はこう答えた。「プレッシャーに耐えられるほど私は強くない。主管になったら、なんて考えると気が狂いそう。兄も私にこれ以上うえを目指せなんて言わないし」。のちに働き始めたプラスチックの工場で、阿菊は右手の指を1本切断した。このことで考え方が変わった。他の工場で働こうとは思わず、以前働いていた、条件が少しよい工場へ戻ろうとも思わなかった。「良馬は後戻りして草を食まない、戻ったら面目を失ってしまうから」と彼女は言った。出稼ぎに来た当初、阿菊は経済的に自立することだけを考えていた。だが今では、労災のために自立すらできず、とても失望している。阿菊は故郷の村に帰り、他に活路を求めて家畜の繁殖業に取り組もうと考えていた。故郷では父親が牛、豚、羊をたくさん飼っていた。魚の養殖池も持っていて、阿菊の兄が戻ってきて、この仕事を継いでくれるのを待っている。

第5章◉深圳の工場でストをした労働者

（2010年5月16日に聞き取り）

工場の班長がストをリードしたケース

小北《シャオベイ》は25歳で彝《イ》族の青年である。雲南省の村の出身で、中学校を中退し畑仕事をしていた。村を出て世界を知りたいと思い、県の中心都市で技術学校に入り、電子工学を学んだ。2004年、入学してまだ2カ月の時点で学校から深圳へインターンシップに行かされたが、実際は一般工としての仕事だった。

6年働いた後、工場で働きこの先も変わらぬ暮らしが続くものと思っていた、と小北は言ったが、行く行くは雲南に帰ろうとも考えていた。故郷は貧しかったが、政府は道路を補修し、交通網や観光業を開発しつつあったので将来はある程度の展望があった。大規模な建設現場は日給80元で非熟練労働力を求めていた。また、故郷は比較的物価が安いので、起業には有利だった。小北は帰郷して野菜のハウス栽培を手がけようと考えていた。村には耕作されていない土地が山の上にも麓にもたくさんあったし、近くには手つかずの森林もあって良質の水資源に恵まれていた。地域でもっとも重要な作物は米、茶、たばこだった。小北の家族は5、6ムー〔15分の1ヘクタール〕の土地を持っていたが、何も耕作していなかった。農作業はもう長いことしていないが、畑仕事も豚の世話も子どもの頃していたので、すぐにマスターできる自信が今でもあると小北は言った。

時間があるときは歌を歌うのが好きだった。深圳に来てからは、工場の同僚たちと小さな音楽グループを結成した。2年ほど、労働歌を作って音源をネットに上げたりした。当時は工場の仕事が忙しすぎて、そうした活動をする時間はあまりなかった。

工場の状況

小北が1つの工場でもっとも長く働いたのは3年、台湾資本の民間企業の工場でのことだ。小北はここで集団争議に加わった。工場は多種多様な電気機械用小型低周波変圧器を製造していた。製品はほとんどがインドと東南アジア諸国で販売されていたが、一部は国内市場にも出していた。工場は黄田にあり、社長は他に2カ所、江蘇省と台湾にも工場を持っていた。ここの従業員は三つの工場を合わせて5000人から6000人で、小北のいた工場には1500人ほどが働いていた。ほとんどが1980年代、90年代生まれの女性だった。現場には、30代以上の人は1割もいなかった。

小北は一般工として働き始めた。その後技術者として2カ月、さらに班長として2年間勤めた。この仕事は、ストライキで勝利を収めてまもなく辞めた。納期を守らねばならないことや生産目標が高いことからプレッシャーはあったが、小北の仕事は比較的楽なものだった。30分ごとに作業場を視察して回り、生産に支障が生じていないかチェックした。普段は作業場の一角にある班長用事務所でぶらぶらする時間がたっぷりあり、お茶を飲んだり新聞を読んだり、おしゃべりすることができた。

工場の管理関係

上から下まで、社長が最優先だった。彼はしばしば管理職とおしゃべりをし、時には労働者とも話をしていた。生産の状況も熟知していた。工場に掲げられた横断幕には大きな文字で「従業員は会社の富。ゆえに、従業員を慈しむことは会社の富を慈しむことである」といった意味のことが書いてあった。これは単なるスローガンではなかった。社長は、労働者を本当に大切に思っていることを態度で表していた。

たとえば、彼は労働者からの提案を直接聞いていたので、この工場には意見を投書するための箱がなかった。重要な訴えが上がると、それがそのまま掲示板に貼り出され、社長は解決を約束した。また、苦情を上げた者の名前は公表されなかった。社長は、現場で管理職が一般労働者に説教しているところを見かけると、しばしば「君は何だって私の従業員をそんなふうに扱ったりするんだ?」と言った。いつも「私の従業員」と言っていた。そして、管理職には「何が起ころうとも、労働者を叱責してはならない」と強調していた。好き勝手に人に説教してはならない、少なくとも労働者を現場の皆の前で叱責してはならないというのが、トップから末端に至るまでの共通理解であった。何か言いたいことがあったら、その人を事務所に呼んでちゃんと説明しなさい、ということだった。

小北が言うには、社長も研修生のチームリーダーから昇進していった人なので、現場の大切さを本当に分かっているし、マネジメント戦略も理解しつくしている、とのことだった。社長は管理職に、1980年代生まれの世代（八十后《パーリンホウ》）をどう扱うべきか、1990年代生まれの世代（九十后《チウリンホ》）をどう扱うべきかを詳しくレクチャーした。また、管理職対象の研修を頻繁に行ったが、彼の話がとても上手だったので、みな時にノートをとったりして勉強していた。休暇に入る前日には、労働者全員をホテルでの宴会に招待した。それが年に2回あり、酔っ払う者もいた。

社長の補佐をしていたのは副社長で、その下は社長補佐（1名）、それから工場長と副工場長がいて、現場には課長とグループリーダーがいた。工場には設計、生産、購買、財務など十以上の部門があり、それぞれの職務分担と責任が明確に決まっていた。生産部は2棟の建物（AとB）に分かれていて、それぞれ4フロアあった。1フロアが1つの作業場になっていて、各作業場に生産ラインが8つあった。各ラインに班長（ラインの見回り役）とその補佐役がいて、班長は、30分ごとにラインの見回りをしていた。小北のラインには労働者が40人いたが、他のラインも同じようなものだった。会社は、一般的な6Sマネジメントモデルに原料の「節約」を加えた7Sモデルを採用していたが、他の会社にはさらに「効率」と「身なり」を加えた9Sモデルを使っているところもあった(27)。

この会社がマネジメント戦略において他の中国企業よりずっと進んでいたことは、小北も認めるところだ。第1に、責任が明確になっていた。たとえば、担当とされている人がみな実際にその任に当たっていた。職位が上であっても、下位の者たちの職務に干渉することはできなかった。また、この会社の生産部が他の多くの中国資本工場よりも大きな権限を持っていることに小北は気づいた。生産部は社内での力が強く、職位が上の管理職と仕事で揉めたりしたときに、それを見せつけるような態度（たとえば電話を切ってしまう）を取ることもあった。他の中国資本の会社では、生産部が弱く何の地位もないところが多かった。

第2に、生産で問題が起こったときには、まずその問題が調査され、次に解決策の提案、その後で初めて責任が追求されていた。まず労働者が責められる、ということはなかった。小北は自分の例を話してくれた。同じ間違いを繰り返した労働者が過ちを認め、それを自ら申告してはじめて罰金を科したという。

第3に、マネジメントのスタイルは労働者から見ても割合ゆるいものだった。労働者は2時間ごとに10分の休憩をとっていた。朝は音楽をかけて中学生のように体操した。小北は、香港や他の外資と比べて台湾資本の会社はやや劣ると思っていたが、大陸資本の企業と比べればずっとよかった。

ストライキの背景——賃金への全面攻撃（2009年1月）

2009年1月初め、旧正月前に、会社でいくつか大きな変化があった。

①休日がしばしば変更され、そのために残業手当が減った。具体的には以下のようなことだった。週末に残業をする場合は、1時間当たり10・34元で、普段の残業時の7・75元／時間より多かった。会社は普段の残業よりも割増賃金が大幅に上がる週末の残業を減らすため、休日を変更した。週末に働いた分は、仕事がない平日（受注が不安定になり生産計画に失敗したことが原因で発生した）に代休をとらせて埋め合わせるようにした。その結果、労働者は土曜、日曜に出勤したにもかかわらず平日勤務時の賃金しか得られなくなった。しかし残業手当の代わりに2日休みを取らせてもらえることから、「名分正しく、道理にかなっている」ということになったのだ。

②管理が強化され、労働者に罰金が科されることが増えた。会社は2008年末に勃発した金融危機の影響をほとんど受けなかった。2009年も受注は減らず、むしろ以前より多いくらいだった。工場は活況を呈し残業は増えたが、既存の罰金制度はゆるくなるどころか、より厳しく適用されるようになった。日勤中居眠りをすると、軽い違反として100元科されるようになった。長時間残業のせいで昼間眠ってしまい罰金を科されることが増えたので、労働者の間に不満が広がった。

③福利厚生が多数廃止された。たとえば、毎年年末には全社員参加するくじ引きがあり、数千元相当の電気製品が数多く用意され、中には1万元を超すような物もあった。最低でも200元の残念賞が手に入った。毎年ボーナスもあった。勤続1年後に1000元、2年後に2000元、3年後に3000元という具合に増えていった。また、1500人を超える従業員がみんなで行く旅行もあり、省内のある場所で川下りをした年もあった。観光バスを何台も連ねて出かける楽しい行事だった。費

用はほとんど会社持ちだった。本を読んだり寛いだりできるスペースや、ダンスホールもあって、よく誕生パーティーをするのに使われていた。誕生日を祝う労働者は残業を免れ、それでも残業手当はもらえる、ということになっていた。他にもいろいろあったが、全て廃止されてしまった。

こうした変化がなぜ起きたかについては、金融危機が始まった後に、この地域の台湾企業の社長たちが全員で福利厚生の廃止に合意したからだ、と言われていた。労働者は当然この変化を歓迎しなかったが、福利厚生は会社が決めることなので、自分たちには何もできないと考える者が多かった。そもそも福利厚生は社長から「いただく物」であり、労働法には何の規定もない、だから会社がそれを増やしたりなくしたりしたとて、労働者に何ができるというんだ？　というわけだ。

多くの労働者が静かに抗議――つまり退職――した。２００９年１月以前には、会社の離職率は低かったが、こうした変化の後、離職率は跳ね上がった。

スト前の状況、広がる不満と班長たち（10月25日のストライキ）

ストの前、労働者はみんな不満を抱えていた、と小北は強調した。そういう気分は明らかに見て取れたものの、誰もストのイニシアチブをとろうとはしなかった。現場の管理職と労働者では宿舎が別だったので、労働者がどう考えていたのか小北にははっきりとはわからなかった。彼が知っていたのは、現場の管理職の間には、強硬な意見があったということだけだった。彼らは、作業場に隣接する事務所でしばしば大声で話し合い、時には社の上層部を批判したりした。さらに、この会社では班長や班長補佐といった現場の管理職と労働者の関係が、他の工場ほど険悪ではなかった。「班長と労働者は同じ戦線にいる」と小北は信じていた。

班長と労働者とは、基本給も残業代も同じだった。違いは、班長には200元の職務手当があり、宿舎の家賃と食事代は会社持ちで生活費補助があり、時に紅包（割り増し給与の入った赤い封筒）をもらっていたことだった。だとすると、小北が班長と労働者は「平等だった」と強調するのは言いすぎだろう。班長の収入は計3000元あまりとなり、班長補佐は2100元から2200元、労働者は1500元から1800元だったのだから、違いは大きかった。しかし、気持ちの上では班長と労働者は確かに比較的近かった。

班長は社内から採用されていた、と小北は言った。一般の労働者から班長や班長補佐に昇進したということだ。班長の中には「会社に一番貢献しているのは班長であり、班長が社内一の給料をもらうべきだ」と主張する者もいた。班長たちは仲がよく、何か共通の問題が起こったときには、みなで一緒に検討した。

時には班長が労働者を叱責することがあったが、そういったことは「その場限りのできごと」とみなされ、1時間もすれば忘れられていた。他の会社のように頻繁に起こるわけではなく、人間関係がこじれたり労働者が敵意を抱くようなことはなかった。仕事を離れれば、班長と労働者はよく一緒に食事に出かけ、仲良くやっていた。小北が言うには、労働者とよりよい関係を築いていた班長は、ほかにも何人かいた。同じ作業場の2つか3つの生産ラインの班長と班長補佐がみな彼に従っていて、それがストライキに有利に働いた、と彼は言った。

導火線——経営幹部が現場で騒ぎを起こす

２００９年10月25日、朝8時の始業直後、社長補佐が現場を視察しにやってきた。37～38歳の女性労働者が防護装備を身に着けずに働いているのを見て、ＩＤを取り上げ、小北に違反を記録するよう指示した。小北はこの処罰に同意しなかった。それは第1に、防護装備を支給するのは会社の責任であるのに、職場安全衛生のための投資を減らし、防護装備が不足したからだ。労働者はそのために装備なしで働くことになったのであり、責められるべきは労働者本人ではなく、会社であるという理由からだった。第2に、経営幹部といえども、他の職位の者をないがしろにしたり、現場の管理者の職掌に干渉する権利はない。問題解決のためには、その部署の責任者と話すべきだ、というのが小北の考えだった。

小北と社長補佐とはすぐに議論になり、激しい言葉が行き交った。社長補佐は現場で小北を指差して大声で非難した。これは小北にとっておもしろくなかったし、社長補佐の口調も気に入らなかった。さらに、現場では自分の部下の前で公然と批判されて、自分の面子が失われたと感じた。社長補佐がラインの端から端へと歩きながら、声高に小北を非難し続ける間、小北も「こんなことをしても何の役にも立ちません！」と言い返した。そして、女性労働者に罰を与えるのには反対であること、労働者が防護装備を着けないときに責められるべきは経営側であることを主張し続けた。

処罰に意味があるのは労働者が納得しているか、または労働者がなぜ自分が罰せられるのか分かっているときだけだ、と小北は考えていた。内心「まだ何がどうなっているのかわからない新参者のくせに、偉そうに！」と思っていた。小北はすでにこの会社で3年働いていて、「古株の従業員」であった。現場では、労働者も班長たちも全員、小北が経営幹部と言い争うのを聞いていたが、労働者は声もたてず仕事を続けていた。そのうち、罰を与えられそうになっていた女性労働者が黙って涙を流し始めた（騒動の後、小北は彼女に対して、この件は「君には関係ないこと。僕ら管理職の間でのことだ」と言った）。社長補佐はまだ文句を言ったり怒鳴ったりしていたが、小北は突然「止めろ！」と叫び、自分の生産ラインを停止させに行った。この瞬間ラインの40人の労働者は仕事を止めた。ストが始まったのである。

ストライキ開始

小北は他の生産ラインのほうへ歩いていき、「なんでまだ働いているんだ？　ラインを止めろ！」と叫んだ。他のラインもすぐにスイッチが切られた。労働者はみな作業を止めた。仕事で疲れきっていたところへ休息がとれるというので、彼らは興奮した。こうして、工場のA棟2階で働いていた300人以上の労働者は全員工具を置いた。そのさまを見て、社長補佐はあわてて事務棟へと駆け戻って行った。

これが午前9時ごろだった。それから、2階の労働者と班長たちはただちに集合した。小北は現場の全員に告げた。「仕事をしなければすぐに問題は解決する。さあ、みんな並んで中庭に降りて集まるんだ。誰も門外には出るんじゃないぞ」。そして、秩序を守るよう強調しながらこう続けた。「道路を封鎖するんなら、自己責任だからな」。小北は説明し、みなに提案した。「もし会社側が俺のところに来て交渉したいと言ってきたときのことだが、連中がもし俺に圧力をかけてみんなに仕事に戻れと言わせたなら、俺の言うことは聞くなよ」。小北が言いたかったのは、問題は解決する、その時はじめて行動終了だ、ということだった。彼が話し終えると、労働者たちは整然と列を作って、階下へ降りた。

この間、小北は1階、3階、4階へ駆けて行き、全員ストに加わるよう呼びかけた。「みんな疲れてるだろ。休憩だ!」「今2階の俺たちはストをやってる。君たちも何かするんだ!」 彼はみなに、中庭に集まってくれ、と言った。この様子を見た工場棟Bの労働者もストに加わり、階下へ降りてきた。停止していないラインもあり、そこには品物が山積みになった。労働者のなかには、躊躇して降りて来ない者が少数いた。彼らは主に、30代、40代で在職年数の長い「ベテラン労働者」で、ここに勤めて6、7年になる者もいた。各現場に10~20人、そういう者がいた。真っ先に飛び出して来たのは、17、8歳の若い労働者だった。彼らの多くは、技術学校からの実習生で、遠方（たとえば湖南省、河南省）から来ていた。湖南工商行政管理学校の実習生など、工科系大学の学歴を持つ者もいることに、小北は気付いた。現場に留まって様子を見ていた「ベテラン労働者」は、社長補佐がメガホンを持って来て、集まっている労働者に呼びかけ始めるとようやく階下に降りてきた。

しかしこれは、「ベテラン労働者」が保守的だったということではない。彼らの中には、若い労働者より興奮している者もいた。「彼らはストライキと聞いたとたんに、ビューンと駆け下りて来たんですよ」

スト中の労働者、中庭で集会

ストに加わった者は中庭に集った。現場の管理職（班長や班長補佐など）や生産ラインの労働者たち、それに清掃スタッフもいた。誰もが興奮を抑えきれない様子だった。おしゃべりをしたり、携帯をいじっている者や歌を歌っている者もいた。みなこの突然のストライキを、めったにない休息の機会ととらえており、賃金が減らされるかもしれない、などと心配する者はいなかった。全員シフトに入った時に勤務管理カードを機械に通していたからである。集会の間、現場の管理職たちは一般労働者のなかに混ざりたくなかったので、彼らだけでグループをつくっていた。会社からストライキを組織したと見られないようにしたかったからだ。ストは午後まで続いた。昼時に食事に行った労働者もいたが、また戻ってきた。

ストライキが始まってまもなく、社長補佐がメガホンを持ってやってきて、中庭に集まっている労働者に向かって叫んだ。「要求は何だ？　遠慮しないで言ってみなさい！」　だが、誰も相手にしなかった。社長補佐はまた声を上げた。「言いたいことがあるのか？　なら言いなさい！」　やはり誰も相手にしない。ついに社長補佐はこう叫んだ。「仕事をしたい者は手を挙げてください！」　反応はなかった。「仕事をしたくない者は手を挙げてください！」だが、やはり、誰も相手にしなかった。

ストが始まって40分経ったころ、普段は姿を見せない社長が車で駆けつけてきた。社長が幹部たちと事務棟の会議室で30分話をした後、人事主管が駆け出してきて、「問題解決のための話し合いをするので、労働者代表を選び、現場の管理職全員と会議室に入るように」と要求した。

労働者は互いに代表候補を推薦し始めたが、結局代表は選ばれなかった。小北によると、突然ストをすることになったので誰も心の準備ができておらず、事務棟に入って交渉するというのでかなり緊張してしまった、とのことだ。事務棟はとてもきれいで豪華だった。班長たちも事務棟に入ったことはほとんどなく、ラインの労働者に至っては全く足を踏み入れたことがなかったそうだ。労働者にとって、事務棟は別世界のようなものだった。とうとう人事主管が10人あまりの「ベテラン労働者」を選んだ。彼らは年齢のせいで他の仕事を見つけるのが難しいため、普段は従順だった。そのため、この時も騒ぎ立てず、慎重に行動したのだろう。この「ベテラン労働者」は会議室ではほとんど一言も発しなかった。緊張や心の準備ができていなかったのかもしれないし、不安だったからかもしれない。

ストに加わった労働者が中庭に集合してから、人事主管が駆け出してくる間、労働者の誰か――それが誰だったのか誰にも分からないのだが――が、労働局の労働監察大隊に電話してスタッフを呼び出した。あるいは会社が、仲介を依頼したのかも知れない。深圳テレビの番組『第1現場』に電話した労働者もいたが、誰も来なかった。地元のテレビ局や新聞社の記者は誰も来なかった。そのためこのストライキについての報道は何もなかった。地元の警察や治安要員は来たものの、中を見て「何の騒ぎにもなっていない。秩序あるストライキだ」と判断し、工場の敷地の入り口に立って様子を見ているだけだった。労働局の人間は、管理職や「労働者代表」とともに、会議室に入った。

会議室での交渉

会議室では社長が激怒していた。「何だってこんなことになるんだ！」と大声で管理職を詰問し、労働者にも、ストの理由や要求を教えるよう迫っていた。労働者代表は、おびえた様子で互いに顔を見合わせ、押し黙っていた。社長は何が不満なのかと繰り返し聞いていたが、労働者は一言も発せず、社長はイライラを募らせた。ついに労働者代表が「宿舎のベッドに虫がいます」「宿舎の状態を改善してください」と、あまり重大でない要求を口にし始めた。社長は即座に承認した。「よろしい！すぐ解決する！」続けて労働者代表は「食事のおかずを増やしてください！」と言い、社長はこれにも明快に大声で応えた。「よろしい！　すぐ解決する！」　労働者が、長いことそれ以上何も言わずにいるのを見て、社長は仕事に戻るよう言ったが、彼らは従わなかった。

繁忙期だったので、社長はできるだけ早く問題解決したいと思っていた。納期が迫っている注文が多数あったため、ストライキは社長にとって相当なプレッシャーとなった。労働者代表が本当の問題点を口にしないので、社長は我慢の限界に近づいていた。ここで社長は小北に、これはいったい全体何なのだと尋ねたので、彼は以下の４つの要求を提示した。

①時間外労働に関して、会社は休日を入れ替えないようにすること。

週末の休日出勤には、1時間あたり10・34元払うこと。残業時間は長すぎないようにすべきであり（以前は夜10時、11時まで続いたことがよくあった）、最長でも夜8時までとすること。この要求に社長はこう答えた。「私はいつも、夜8時以降に残業してはいけないと言ってきたのに、どうなっているんだ?!」小北によると、社長はわざとそう言ったのだという。この状況を作り出したのは、彼の下で働く管理職たちだったが、社長もずっとそれを黙認してきた。そこで、社長は休日を動かすことはもうしない、週末の仕事は8時間までとする、休日出勤するかどうかは労働者が決めることができる、と約束した。

②高温手当について。

当時工場では、高温手当は支給されておらず、大抵の人は、そんな手当があることすら知らなかった。ストライキや労働者集会の最中に、誰がこの件を持ち出したのかははっきりしなかったが、たちまち誰もがこの話をするようになった。そこで小北は社長に対して、労働法には高温手当の支払い規定があるのかどうか尋ねた。社長は返事をしなかったが、傍らでノートをとっていた労働局の人間が「あります、あります!」と言った。社長はすぐさま机をたたいて「よろしい! その手当をすぐに加える!」と言った。こうして5月から10月までの高温手当が算出されることになった。

③会社は防護装備の支給を保証すべきである。

このとき社長はまことしやかに叫んだ。「私はいつも安全第一と言ってきたんだぞ! どうしてこんなことになってしまったんだ?!」

④会社は恣意的に労働者に罰金を科すべきではない。労働者が自ら進んで違反を認め、署名したときに限り処罰すべきである。

小北は例を上げた。残業が11時半まで続いたとき、女性労働者の多くは宿舎で（洗髪、洗濯や飲料用の）お湯を汲むために長い時間並ばなければならなかった（宿舎の各フロアには約150人の労働者が住んでいるのに温水器は2台しかなかった）。12時を過ぎても髪や体を洗い終えられない者が出て、人によっては2時すぎまでかかってしまった。そのため彼女たちは、翌朝仕事が始まってから、うとうとしがちだった。居眠りは軽微な違反行為として記録されたがそれは不当だ、と。また小北は、（過誤・違反や処罰を全部書き出してみなが見られるようにしてある）白板が使われすぎていて、（褒賞を書き出す）赤板がろくに使われない、褒賞より処罰が多用されるのはヤル気をそぐ、とも言った。

小北によると、少なくとも賞が罰より少なくならないようにすべきで、『取之于民、用之于民』（人民から取った物は人民の利益になるように使う）ほうがいい、とのことだ。

社長は小北が提示した要求を、4つともためらうことなく受け入れた。しかしこの時、顔には明らかに「要求しすぎだ！」と感じているのが表れていた。それを直接口には出さなかったが。彼は小北に向かって大声で尋ねた。「まだ問題があるか？」小北は答えた。「僕が上げた要求は労働者の利益を代表するものです。今のところ思いつくのはこれで全部です。他にもあるなら、他の人が追加すべきでしょう」

このとき、傍らに座っていた労働局の人々がノートを取り出して、社長に質問を始めた。社長は自信たっぷりに答えた。「私はいつもこうでなくちゃいけないと言ってきたんです」。労働者代表が要求を1つ付け加えた。購入しなくてはならない作業着の購入代金を会社から支給してほしいという要求だった。社長はまたも即座に率直にこれを了承した。

そして尋ねた。「さあ、これで仕事に戻れるかな?」労働者たちは、黙って見ていた。小北は、口頭での了解ばかりで書面がないことを指摘した。これじゃ、会社が本当に問題を解決してくれるかどうかわからないじゃないですか、と。

勝利、そしてその後

社長は、誰か通知を印刷して工場内に張り出すように、と頼んだ。ストライキはついに5時ごろ終わった。

社長は10月25日のストの際に約束したことを守り、その後のゆり戻しはなかった。小北はストの後ほどなくして退職したが、この工場の労働者たちとは、オンラインメッセージサービスのQQを通じてまだ連絡を取り合っていた。

ストの後でもう1つ変化があった。あの傲慢で威張り屋の社長補佐が、ストの後まもなく退職したのだ。ストで面目を失い、同じ工場で今後もうまくやっていけるか試すのはやめよう、と考えたのだった。あの工場はそれまでとてもうまくいっていたのに、社長補佐が来て、社長に気に入られようとコスト削減のためなら何でもやるようになった。いの一番にプレッシャーを感じることになったのは当然労働者たちです、と小北は付け加えた。

ストライキが終わったその日のうちに、社長が1人で小北に話をしに来て、単刀直入に「お前、こんなことをして会社にどれだけの損害を与えたんだ?」と聞いた。小北の答えはおおよそ以下のようなものだった。

①今日のストライキは主に会社の経営上の問題から起こったのです。私に非はありません。

②労働者たちは総じて不満を抱えていました。今日こんなことになったのは、小さな問題を発端にして不満が爆発し、広がったからです。私が1人で起こしたことではありません。

③確かに今日のストライキについて、私にもいくばくかの責任はあります（現場管理職の1人でありながら、ストで一定の役割を果たしたのですから）が、実は社長も得るところがあった。何だと思いますか?　問題があることに気付かれましたよね。これをきっかけに経営のあり方を改善できる。求人広告を見て、ここで働きたいと思う人が増えるでしょう。会社がよくなれば、ご自分もうれしく思われることでしょう。

会社と会社の利益という観点から見てもなお、自分にもメリットがあったと思うか、という問いには、小北はこう応えた。「そう考えれば、ストを主導したのは個人の利益のためではないことが一層はっきりします。会社の利益のためだった、それが同時に個人の保護にも役立った、ということです」。熱のこもった言葉を聞いて、社長は一瞬黙り込み、その後言った。「だが始末書は書いてもらうぞ」。

小北は、この社長はそう悪くない人だと思った。他の社長なら耳も貸さず、すぐに荷物をまとめろ!

となったはずだったからだ。

辞職、および小北がストを支持した個人的な動機

社長と話をしたとき、小北は退職に言及した。社長は「何だと？　辞めるつもりなのか?!　これだけのことをしでかして、どう埋め合わせるつもりだ?!」と尋ねた。責任逃れをしたいのかという問題とは別に、社長は小北の価値を認めていた。以前、小北が技術者だったとき、社長のために製品の設計やテストをしたことがあり、彼は会社で一目置かれる存在だったからだ。

小北は以前から辞めることを考えていたが、退職願を出しても全く受け入れられなかった。とは言え、退職したくてストをしたわけではない。退職願を出していた理由は、彼の個人的な、昇進についての展望に関わっていた。（当時働いていたところのような）大きな工場では競争が激しく、昇進するのは常に大変だった。小さい工場であれば従業員もより少なく競争も厳しくないであろうから、おそらく昇進もより簡単だったろう。さらに、1つの工場に長くいすぎて、退屈でつまらないと感じるようになっていた。それで環境を変えたいと思っていたのだ。

ストを行った個人的な動機に関して、彼は他のことは一切考えなかったし、何かの思惑があったわけでもない。事前に計画していたわけでは断じてない。あの経営幹部と口論になったときには、むしろ怒りに突き動かされたのだった。

スト2日後の10月27日、小北は10月の給与を半月分だけ受け取って、さっさと退職した。彼が以前

から退職願を出していたことはみな知っており、ストのあとで退職したのは自然なことに見えた。後悔したわけではなく、さらなるキャリアアップのために環境を変える必要があると感じていた。

経験

ストを経験した後、現場の労働者のなかには、喜んで「こういうことはもっとしたほうがいい」と言う者もいた。小北は彼らに「そんな簡単なことじゃない。毎日ストをするんだったら、何のために出稼ぎに来たんだ？　荷物をまとめて、辞めて田舎に帰ったほうがいい」と言った。しかし、たしかにストは労働者の心理に、なにがしかの変化を起こした。以前は、会社に改善を要求したい労働者が大勢いても、改善など到底無理だと思っていた。受身でいるのが普通だったのだ。小北は一度、ある労働者に尋ねたことがある。「前はいつも、あれは無理、これは無理と言っていたんじゃなかった？どうして今は何でもできると思うんだい？」　その労働者は「大勢で一緒にやれたからだよ！」と主張した。

小北はこのストライキを以下のように総括した。

第1に、ストは仲裁や提訴より効果的だった。仕事が止まり、誰もシフトに出て来なければ社長は大いに焦ることになる。そうすれば速やかに問題解決が図られる。ストライキはインパクトがより大きいし、よりよい結果をもたらす。仲裁にかけると何カ月もかかるし、問題解決が非常に難しい。

第2に、集団闘争を組織したかったら、まず初めに、みなの支持を得なくてはならない。つまりみながが同じような苦境にあり、同じように不満を抱いていること。このような基盤があれば、たとえ同僚のうち少数のみで行動を始めても、より大きなグループを動員することが可能だ。たとえば、20人や50人の労働者でも100人以上を動かして行動することができる。

社長はいつでもいい人ぶっていて、管理職に説教するときは、労働者の保護について話すのが好きだ。とくに10月25日のストのときはそうだった。小北によると、多くの労働者はそれをとても喜んでいて誇りに思い、「社長を神と仰ぐ」ようだったという。しかしすぐに小北は「この表現は僕が思いついた例えですが、実のところ、それほど大げさな表現でもないんです」と言った。とはいえ、労働者はそれで2、3日は興奮するが、すぐに目が覚めて、社長の言動が自分の利益を考えてのことにすぎないと分かるのだ。

ストが周辺の工場に波及

小北の工場で起きたストライキは、周辺の会社の労働者のモデルとなった。ストの2日後、近隣の工場でもストが計画された。そこは500人以上を雇用する香港資本の会社で、(ソケットや基盤などに使われている) 高周波変圧器を製造していた。小北の工場のすぐ近くにあって、事務職や生産部門の管理職同士がしばしば情報交換し、部品のやり取りもするほどだった。女性労働者のなかには、もう一方の工場の知り合いの男性労働者に朝食を用意してやっている者もいた。このようなわけで、2つの工場の間では情報がたちまちのうちに伝わるのだった。小北たちのストライキは、すぐにその工場の労働者の知るところとなり、議論が起こった。その工場の賃金は小北たちよりはるかに低く、平日で7元、休日で9元も低かった。その工場では労働者が10月27日にストを行うというメッセージを密かに回覧した。

ストをする予定の日、そこの社長は何も言わず、500人あまりの従業員を工場の食堂へ招き、大量に運び込ませたレッドブル飲料を1人に1缶配った。席について社長は言った。「実は、前からみなさんのお給料を上げようと考えていたんですよ」。続けて、残業手当を上げることなどの改善を約束した。小北は言った。「僕らの工場ではストをするのに、1日大変苦労しました。が、あちらではものの2時間で、労働者が一言も言わず何の提案も要求もしないうちに、目的を果たしたんです。後になって、労働者はこんな冗談を言っていました。社長が『前からみなさんのお給料を上げようと考えていたんですよ』と言ったときに、その言葉のあとには『だけど、みなさんがストをしなかったもんだから上げなかったんですよ』というセリフが隠されていたよね、と。つまり『俺たちがもっと早くにストをしていたら、社長はとっくの昔に給料を上げてたはずなんだ』ということです」

辞職後――別の集団的事件の経験と感想

工場を辞めた後、小北は同じ町（深圳市内に多数ある工場が集中する町の1つ）のある工場街で、交通警察の補助員として半年間働いた。2010年4月、別の町の工業地区へ移り、工場で働き始めた。10日ほどの間に5、6カ所転職した。数カ所で2、3日働き、別の数カ所では半日だけで辞めた。彼にはどこもいかがわしいところに思えたのだ。現在は電子機器工場の品質管理部門に落ち着いている。残念ながら給料はあの台湾資本の工場ほど良くはないが、あそこでストを先導したことは後悔していない。

小北は交通警察補助員をしていたときにも、集団的事件〔中国語の原文では「群体性事件」。一定の人数に達した騒動のことを中国の行政用語でこうよぶ〕を経験した。このときは「にせ機動隊員」を演じて、警備活動に加わった。2009年12月、深圳の物流会社Dが倒産し、数百件の顧客に宛てた品物が配達されなかったことがある。顧客（ほとんどがその近くのコンピュータのショッピングモールに入っている個人商店だった）が会社に押し寄せ、支払いを求めた。会社がそれを乱暴に拒絶すると、商店主たちは激怒してデモを始めた。デモ隊のなかには、賃金が支払われていないD社の従業員も大勢いた。報道によると、この会社は深圳一帯で計1000人あまりを雇用しており、未払い賃金は486万元にも上っていた。

2010年1月21日の午後、D社の従業員たちが、すでに警察車両に乗って警官に守られていた同社の幹部たちを取り囲んだ。群集はスメガフォンを使って「賃金払え！」と、怒りに燃えて声を揃えた。一帯に大群衆が立って見ていたので、何時間も交通が遮断された。その後警察は、債権があることを主張するD社の顧客たちを支援すると約束し、事態収拾の術を見出した。そのとき初めて群衆は解散したのだった。数日後、深圳市当局が、D社の従業員たちの未払い賃金支給のために資金を立て替えると約束した。

デモには1000人以上が参加していた、と小北は言った。当局は秩序維持のため各種の警察部隊を送った。事情を知らない通りすがりの人々にとって、部隊が展開するのを目にするのはかなりの恐怖だったろうが、内幕を知ったら、笑っていいやら泣いていいやら、だったことだろう。この警察部隊は実はかなり複雑な代物だった。検察や裁判所の職員、労働局など労働関連の職員、警察、交通警察、都市管理部門の職員、パトロール員、警備員、町内会や自治会の職員などからなり、さらに小北のような交通警察補助員たちも含まれていた。だがその多くは「機動隊」のマークが胸に付いた、肩に星のある制服を着ていた。彼のような臨時補助員までが同じ制服を着ていた。小北はまだ自分では労働者だと思っていたのだが。彼らは厳粛に列を組んで行進するふりをしたり、警察らしいきちんとした隊形を作って立ったりして、物々しさを醸し出さなくてはならなかった。

いまどきの社会で治安を維持するには、基本的に、外の土地からやってきた治安要員が頼りなのだ、と小北は言った。村によっては、たとえば署長、副署長、警官2人の計4人しか警察がいないようなところもあった。深圳には多数の村があるが、その多くは既に小さな会社や町工場が密集する、町と呼ぶほうがふさわしいようなところになっている。そういう村の周囲に広大な工業地域やさらに多くの町がある。しかし、村のなかには、村外から治安要員を数十人雇い入れ、法と秩序の維持は基本的に彼らが担っているというところもある。小北がある秘密を教えてくれた。偽警官の肩についている星をよく見れば、プリントだということが簡単にわかるが、本物の警官の星は制服にピンで留めてあるのだ、という。本物の警官は制帽にも星がついている。着ている制服で、本物かどうかわかるのだ。

小北が交通警察補助員になったとき、保証金を2500元預けるよう求められた（中国では就職時に保証金が必要）。初任時賃金は残業手当も入れて月2100元、食事、住居の支給もあり、十分やっていける額だった。仕事は街を行ったり来たりしてパトロールをすることだった。勤務管理は割合ゆるく、人によってはパトロールに出たとたん、昼寝の場所を探したりしていた。シフトが終わるまでの時間をやり過ごせばいいような仕事だったからだ。

しかし後に、残業がなくなり1日の勤務時間が8時間だけとなって、賃金が大幅に減った。月収はいきなり1200元に落ちた。雇われの身である補助員たちは、自らを労働者だと思っており、当然不満に思った。集団的事件が起きたとき分隊長がすぐに言ったのは「本当の衝突になったら俺たちは即逃げるぞ!」だった。列を作って立っている間、彼らは〝他人の不幸を楽しんで〟「この大衆デモはいいぞ。もっと大きくなれ、大きければ大きいほどいい!」と願っていたほどだった。彼らは朝から午後3時までそうやって立っていて、シフトが終わるとすぐに引き揚げた。

今働いている工場には労働者が200人から300人しかいない、と小北は言った。だが大きな展望があるように見えるので、彼はもっぱら将来のことを考えている。その会社は最近立て続けに分工場を設立したので、その会社で働き続けるのはいい選択だと小北は計算している。

新聞報道はうそが多い

小北は、フォックスコン労働者の自殺（4カ月間に9人の労働者が投身自殺をした）についてネットで記事を読んだ。メディアは主に感情面のストレスについて報じているようだが、小北自身はもっといろいろなプレッシャーがあったのだろうと考えていた。仕事でのプレッシャー、罵倒されること、心理的な繊細さ、失恋による感情的ストレス、等々だ。新聞に載っていることにはうそが多い、と小北は考えていた。彼自身にも経験があった。記者に取材を受けたとき、他の交通警官補助員たちと並んで整列してほしいと頼まれた。そして記者の質問に規則どおりに応えていったのだが、1回ではうまくいかなかったので、撮り直しを頼まれ、もう1度隊列を作り直した。それでも満足できなかったようで、結局何度もやらされる羽目になった。

1980年代生まれの1人として、小北は、自分たちの世代はまだ辛いことを我慢できる、と考えていた。ちなみに90年代生まれの問題は、彼らは我慢ができないということだった。90年代生まれは消費に関していささか現実離れした期待を抱いていて、しばしば家族に電話して金の無心をしていた。故郷から働きに出て来ていながらなお家族に金をもらう、これは小北には全く理解できないことだった。

第6章◉職場環境と待遇の不満から発生したストと道路封鎖

（インタビュー実施：2011年2月15日）

虫の入った食事、コネの人事、労働条件への抗議

私は貴州省出身で、1980年生まれです。6人兄弟の3番めです。出稼ぎに出た理由は、教育がなく家も貧しかったからです。小学校に入ったばかりのころは、勉強がよくできました。テストでは80点とか90点くらいの点をとっていたので飛び級をしましたが、それから成績が落ち出しました。当時は、朝5時に起きて働いたあと、8時から学校に行くので疲れてしまい、5年生のとき学校をやめました。母の負担が大きすぎるとも感じていました。それで、自分はもう学校に行かず、全力で妹の学業を支えようと思ったのです。

学校をやめた後、私はこっそり近くの炭鉱で仕事を見つけました。賃金は14日間働いて450元でした。ある日の朝8時、メタンガスが爆発し、私を含む4人の鉱夫が地下20メートルを超える深さのところに閉じ込められました。救助の人たちが外から土を掘り進み、私たちもその方向へ中から土を

掘りました。食べ物もなく、土を掘るのは非常に体力を消耗しました。ついに救出されたのは、翌朝の5時過ぎでした。

私たちは全員、怪我を負いました。私は岩が当たって後頭部を負傷しました。もう1人は腕を骨折、3人目は背中に裂傷を負い、4人目は岩が当たって額を負傷しました。幸い誰も重傷ではありませんでした。社長は、私たちの怪我の治療費は払いましたが、賠償金は出しませんでした。私の甥が、社長の3歳の1人息子を捕まえて4階の窓から突き出し、賠償しないと子どもを落とすと言って脅すと、社長は大慌てで賠償の支払いに同意しました。私は50元、他の3人はそれぞれ100元受け取りました。

1996年に出稼ぎに出ました。まず、海南島に行きました。海南島には兄がいたのですが、見つけることができませんでした。海南島へはこっそり渡ったので、正月だというのに誰も知り合いがおらず惨めでした。そこで、れんが工場に潜り込んで、そこの社長に、屋内で正月料理を食べさせてもらえないか、正月休みが明けたら工場で働くので、と言いました。社長は、構わない、好きなだければいい、と言ってくれました。当時、工場は人手不足だったので、彼は多分私が役に立つと思ったのでしょう。私は当時16歳で、実際はろくに仕事はできませんでした。年明け3日目には、私はそこを飛び出しました。その翌日、兄を見つけることができました。兄には6カ月の赤ん坊がいて、私はその子が1歳半になるまで世話をしました。それからバナナ農園の仕事を見つけました。雑草取りや、果実への農薬散布、その他の果樹の手入れ全般の仕事をしました。月給は400元で、1日8時間労働でした。夜明けから日没まで働き、自分と兄で食べるために野菜を育てました。鶏も40数羽飼っていました。このように暮らして月300元を貯め、家に送っていました。

1999年、深圳に来ました。もともと来るつもりはなかったのですが、姉から月に600元稼げると説得され、この額は悪くないと思ったので来ました。2000年になっても仕事が見つからず、食事以外には外出しないようにしていました。身分証の申請をしておらず、一時居住許可がないため警察につかまるのが怖かったのです。

身分証がないという問題の他に、仕事を手に入れるにはコネが必要だという問題もありました。たくさんのところを回りましたが、仕事は全く見つかりませんでした。何度も一時居住許可証を持っているかどうかのチェックをされました。良い人にも悪い人にも出会いました。一度、同郷の人に出会い、その人は私をかわいそうに思って、食べ物を買うためのお金を10元くれました。別の時には、甥と一緒に橋の上で警察の検問に引っかかり、甥は逃げたものの、私の釈放のために親戚が50元払う羽目になりました。

また別の時は、私の他に6、7人が逮捕され、200元要求されました。私たちはそんな金はないと抗議しました。実は全員、なにがしかは持っていて、私は靴下の中に50元隠していました。ともあれ、彼らはしかたなく私たちに花壇の草取りをさせることにしました。草取りが終わり、誰も監視していないのに気づいたので、私たちは逃げました。

2000年に、1000元使ってK工場に就職しました。K工場は香港資本の会社で、電気歯ブラシャ電気フットバス、電気調理器といったものを作っています。８０００人を超す従業員がいました。雇用条件は、月26日、1日8時間の労働で、基本日給は23元でした。2交代制で、食事の時間は残業扱いでした。作業着は6カ月ごとに支給され、無料でした。会社から毎月、洗濯用洗剤1袋と手袋1組の支給がありました。そのころ、警察にも工場の管理職の一部にもコネがある、同郷の男と知り合いました。彼は、工場に人を紹介して、金を得ていました。K工場は直接労働者を採用することは全くせず、いつもこの男や別の、四川省出身の人物の紹介で、採用していました。その結果、この工場で働いているのはほとんどが四川省か貴州省の出身者でした。他には広東省北部の2、3の都市の出身で、やはり同郷の者からの紹介を受けて入った人たちがいました。自分でここに職を得ることは基本的にできなかったわけです。自分で入った人は全員解雇されたと聞きました。この工場で私は懸命に働き、すぐにチームリーダーになり、その後グループリーダーに昇進しました。私には教育がなかったので、会社は事務仕事を補佐するスタッフを1人つけてくれました。この工場では、チームリーダー1人が機械16台の責任者で、1台に2、3人オペレーターがいました。グループリーダーの下には数名のチームリーダーがいるという体制でした。

食堂の食事とお湯代への不満、密かにストを計画

当時、工場の食堂の食事はかなりひどいものでした。ご飯のなかにしょっちゅう虫が入っていました。私は虫をかじってしまったことがあり、それから2度と工場の食堂へは行きたくなくなりました。

3日間インスタントの麺でしのぎましたが、また食堂へ行かざるをえませんでした。もう1つの問題は、工場からバケツ1杯に付き2角のお湯代を徴収されることでした。1カ月で20～30元にもなり、これにはみんな不満を持っていました。

ある日の夜勤のとき、5人のチームリーダー（男性2人、女性3人）がストライキの相談をしていました。彼らは私のところに来たので事務所へ話をしに行きました。3、4人の事務スタッフが私たちを見かけ、加わりたいと言ってきました。

私たちは国道の封鎖について話し合い、どんな困難が起こり得るか、それにどう対処するか、といったことを想定しました。

①もし警察が仲間を殴ったり、死傷させたりしたら、私たちはみなで力を合わせて対処する。

②もし、誰かが道路封鎖中に倒れたら、仲間が直ちにその人を助け上げる。さもないと、轢かれてしまうかもしれないし、それで死んでしまうかもしれないから。

③もし、ストライキを組織したのが誰かばれてしまったら、あるいは、その他の問題が起こったら、2人の男性チームリーダーが責任を被り、スト終了後、彼らの補償にあてるためのカンパを募るアピールを出す。

ふたを開けると、事前に私たちが予想していたことが、ほぼそのとおり起こりました。さらに、工場で働いている全員に私たちの計画を知らせるかどうか話し合いました。特に私たちは、情報を漏らすおそれのある、おべっかを使う連中には知られたくありませんでした。うまくやらないと私たちの生活の糧がなくなってしまいますから。

当時のシフトは2交代制でした。事務スタッフたちとチームリーダーたちは一緒に「明朝8時、国道に集まれ！」と書いたビラを印刷しました。チームリーダーのなかにはチームの仕事を10分間止めさせた者もいました。4棟の製造現場の、300人を超える労働者がビラを貼りました。社長のオフィスにまで貼ったのです。いったい何事だと聞く人には、事務側で手配したことだ、と答えました。戻った労働者が私たちに何事か、何の手配かと聞いても、あえて詳しいことは言いませんでした。ただ、みんなで国道へ行って騒ぎを起こし、会社に待遇改善を要求するんだ、とだけ言いました。安全を期すために、誰かが倒れたらすぐに起こすこと、としました。行動が失敗すると、組織した私たちが労働者から責められるので、あえてあまりはっきり説明しませんでした。

ストライキの経過

翌朝夜勤明けに、私たちは工場の門に押し寄せました。計画を知らず、不意を食らった警備員を押しのけ門をこじ開けました。警備員は暴力沙汰を恐れて、私たちが出た後、門に鍵をかけてしまいました。先頭の人たちが横断幕を持って、私たちはまっすぐ国道に向かい、道を完全に封鎖しました。ほとんどの労働者が騒動を見たがっていました。彼らの多くは、一目散に国道へ向かった目的を知りませんでした。他の人が国道へ走っていくのを見て、ただ後をついてきたのです。封鎖で止められたドライバーたちは、恨んだり怒ったりしていなかったと聞きました。バスの乗客には、眠ったり、下りてきてたばこを吸ったりする人もいました。

デモが始まってすぐ、トラブルがありました。街頭パトロール員が４人、私たちが国道へなだれ込んでいくのを見て、「何をしている?!」と叫びました。彼らは私たちのところへやってきて、警棒で人々を殴りだしました。若い女性が何人か怪我をしましたが、殴ったパトロール員に噛みつき、顔面の肉を噛みちぎりました。私のような若い男はあまり大勢おらず、しかも乱闘の最中はあちこちに分散していたので、持ちこたえることができませんでした。

人が多すぎて大混乱になっていました。十数人が怪我をしました。怪我人の中には、他の人に踏まれて怪我をした人もいました。真ん中あたりにいた人たちは、ずっとあちらへ押されこちらへ押されしていました。とうとう消防や治安隊、地元の警察までやってきました。警察の車は４００メートルほど離れたところに停まっていましたが、銃を持っている者は見えませんでした。労働者があまりにも大勢いたので、もし銃を奪われたら、彼らは何もできなかったろうと思います。労働局の役人たちは、怪我人を病院へ送るための金を持って現れました。

警察は、到着すると私たちを道路の端に押し始めました。叩いたりはしませんでしたが、警棒を使って固い壁のようになり、私たちを押して後退させました。最前列にいたのは女性たちで、警官に抵抗しようとはしませんでした。もし警官がデモ隊を叩いたりし始めたら、おそらくプロとして訓練されている彼らにはまともに抵抗することはできなかったでしょう。２、３時間すると、私たちは徐々に道路の端に追い詰められました。それから、ぽつりぽつりと工場へ戻って行きました。

工場に戻り、交渉

道路封鎖をしたのは、全員、夜勤シフトの労働者でした。日勤の労働者のなかにも、何の騒ぎかわからないまま、とにかく加わったという人がいました。地元の警察は私たち2000名の工場労働者を宿舎に押し込めました。門にも階段の入り口にも全て警官が1人ずつ配置されました。全部で400人くらいいたと思います。若い女性たちは特に腹を立てていました。寮にあるものを手当たり次第投げ散らかし、時には警官を狙って投げていました。400~500人くらいの労働者は食堂に行って、8000人分を上回る量の食料を全部床にぶちまけました。

私たちが道路封鎖から戻ってきたとき、社長がメガホンを使って「不満がある者は言ってみなさい！」と怒鳴り、交渉のための代表を送ってよこすよう要求しました。とりあえず私たちは、若い男性を1人代表に選びました。彼は工場の人事主管で、教育がありました。全員が賛成したので、彼は承知せざるを得ませんでした。社長は彼に交渉に来るよう言いました。交渉事項の1つ目は賃上げでした。

代表の人事主管は私たちに、要求は何だったかと尋ねました。先頭にいた人たちが給料を上げてほしいと言うと、後方の人たちも賛成だと叫びました。そこで人事主管は、この要求を社長に伝えました。社長は、日給を25元上げるのではどうか、と提案してきました。それからお湯の問題が上がりました。社長は、私たちがお湯代を払わされていることを知らなかったと言い、すぐに、これからはただにする、と約束しました。社長は食堂の食事に問題があることも認め、これからは食堂で食べるか他所で食べるか選べるようにすると約束しました。食堂で食べない人は、食堂の料金を徴収されなくなるということです。

その日は、職場に帰っても誰も仕事をしませんでした。チームリーダーはミーティングを召集しました。社長は直接介入はしませんでしたが、チームリーダーにいろいろと指示を出し、チームリーダーが部下の従業員の説得にあたりました。仕事が再開すると、その日の夕食はいつもより量が多く、肉もたっぷりありました。いつもはおかずは2種類なのに、4種類も出ました。3日目や4日目には、各自にコーラ1瓶とりんご2個が支給されました。また、社長はストの当日に、事務所の管理職たちを病院に行かせ、怪我の治療を受けていた若い女性たちの見舞いをさせました。彼女たちは怪我が治って工場に戻ってみると、以前より待遇がよくなっていたので、誰も辞めたいとは考えませんでした。

ストライキの結果

ストライキの後、工場はいろいろな点で確実によくなりました。

①食堂の食事が衛生面で改善した。虫が入っていることがなくなり、もし虫を見つけたら、1匹につき50元もらえるようになった。ある女性労働者が食事に虫が入っているのを見つけたときには、警備員が写真をとり、午後には50元を受け取りにくるようにと言われた。

②以前は、食堂で食事をしてもしなくても、食事代が賃金から引かれていたが、食べなかった食事の代金をとられなくなった。

③お湯が無料になった。
④日給が23元から25元に上がった。1カ月の労働日数も26日から22日に減った。

日本人の管理職が来て、現場で果物を食べたり、飲み物を飲んだりすることを禁止しました。これは、果物のかけらや飲み物のしずくが床に落ちると蚊やハエが寄ってきて、製品に悪影響が出るからです。また、宿舎の床も少なくとも週1回は掃除してくれるようになりました。

ストをしたチームリーダーのチームにいた労働者は状況をよく理解していたので、国道を封鎖したときは最前線にいました。社長が交渉役を出すよう言ってきた時に最初に動いたのも彼らでした。チームリーダーや事務スタッフの中には、ずっと工場で仕事をし、道路封鎖に加わらなかった者もいました。男性チームリーダーが2人、職場で逮捕された時には、1000人を超える労働者が、2人を連行させまいとして、警察の車を取り囲みました。それでも結局、2人は連れて行かれてしまいました。私たちは工場に戻っても仕事を再開せず、もう2日働くことを拒否しました。社長は逮捕された2人を釈放するよう、警察に頼みました。彼らが釈放されると、工場は賃金を払わずに彼らを解雇しました。

労働者のほとんど全員が、5元ずつ出し合って、ストを組織した2人のリーダーにカンパしました。出さなかったらみんなから軽蔑されたでしょう。女性のチームリーダー3人と事務所のスタッフたちの関与は秘密にしていたので、彼女たちは逮捕されませんでした。のちに、彼女たちは一人また一人と工場を辞めてしまいました。多分ばれるのが怖かったのでしょう。私も、妻の面倒を見るために辞めました。この工場で長年働いていた総責任者の1人も、引責辞任しました。

第3部

賃上げ要求スト

第3部まえがき◉より積極的・自発的に戦略を持った闘い

賃上げを要求して労働者がストを行うのは、明らかにその賃金が低いからである。しかし、こうしたストが行われるのは、何も労働条件が最も劣悪な工場には限らない。むしろ、賃金も利益率も高い、香港、マカオ、台湾、そして外国の資本による工場の多くで、労働者が組織し、ストに参加する傾向が強い。

早くには1993年に、広東省珠海市にある外資系企業で、一連のストが起きた。これらのストは、珠海市で賃金や手当が最高水準のキヤノン現地法人の労働者が発端となった。会社側が発表した昇給率が低かった（10％のみ）ことに不満を感じてのものだった。市職員の昇給率やインフレ率を根拠に、労働者は30～50％の大幅な賃上げを要求した。会社側がその要求を拒否すると、労働者はストを決行し、その結果、妥当な賃上げを勝ち取ることができた。他の外国企業で、同様のストが10件以上行われていたが、この闘いがそれらストへの参加者を勇気づけ、後押しした。2010年3月、広州の花都自動車産業基地では、賃上げ要求ストが増加の一途をたどり、それらに触発されるように、仏山市の日系工場でも同様にストの波が押し寄せた。東芝やパナソニックの現地法人は、ストが切迫しているのを見越し、ストによる大きな損失を避けるために先回りして賃上げを行った。

賃下げや手当の削減に反対する守りのストに比べ、賃上げを要求するストは攻めのストである。その典型的な例が2010年5月にホンダのトランスミッション製造工場で勃発した南海ホンダのストだった。しかし、守りのストと攻めのストとの間に絶対的な境界線はない。現在の労働者の闘いにおいては、最低賃金基準法の施行が、むしろ重要な役割を果たしている。現地の最低賃金基準に従うべく、基本給を上げると同時に手当を削減する企業が増えた結果、労働者の実質賃金はほとんど上がっていない。このことは、労働者の抵抗の意思を強めている。現時点での労働者のストは守りのストと攻めのスト両方があり、政府主導の改革に会社側が抵抗していることへの抗議である。労働争議の報道が増えていることと、労働法の知識がますます広がっていることで、労働者の意識は大幅に高まっている。

今ほど意識が高くなかったときは、賃金水準が停滞しているのに物価が上昇しているとして労働者が不満を持つことが多かった。基本給が現地の最低賃金より低いことや、残業手当が労働法の規準以下であることに気付いた場合、労働者はがぜん確信を強め、自信をもって「われわれは、われわれにふさわしいものが欲しいだけだ」として自分たちの利益を強く主張した。ここで言う、「われわれにふさわしいもの」とは、労働者の「法的権利に基づく利益」を指しているに過ぎない。

年間最低賃金引き上げ自体は、生活費の上昇を決してカバーしないという点で、効果は非常に限定的である。労働者にとって、たとえ残業したとしても、家族、ひいては自分自身の生活を支えることすら、ますます困難になっている。多くの若い労働者や技術職は、仕事以外で充実した時間を求めること（デートも含め）や、新しいキャリアを追求することができないことに不満を抱いている。その理由は、かれらが生き残るためには明らかに不十分だとしても、その賃金設定や行き過ぎた残業に依存せざるを得ないことである。このように、中国、とりわけ利益率の高い外資系企業でストライキの件数が急増していることは、驚くには値しない。

２０１０年、珠江デルタにある日系自動車工場の多くで発生したストは、こうした大幅な賃上げ要求の例である。ここで注記すべきことは、法律を順守していると思われる経営者側と対峙する際、法律を盾に取る余地はないことである。それ故、労働者がより積極的に、より自発的に動くことを迫る。労働者はしばしば、「この収入では生活できない」「不公平だ」といった議論に訴えた。２０１０年の南海ホンダのストで、労働者は第一に収入と消費支出との比較、次に、同じ業界の賃金水準、そして中国人労働者と日本人労働者との間の賃金格差（1万元以上）を根拠に賃上げを要求した。労働者は「同一労働、同一賃金」を要求したのである。

経営者にとっては、通常の生産が維持される限り、賃金は低いほうが良い。力のある企業の中には、生産性と安定性を維持するため、労働者に高い賃金を支払おうとするケースもある。このことは、中国の比較的安い労働力が高い利益をあげ、それゆえ賃上げの余地が少ないという事実にかんがみれば、特に多くの外資系企業に言えることである。問題は、資産階級はまさに労働者階級と同じように、その全体の利益は互いに関連しあっているのであり、一部の経営者が平均より高い比率で一方的に賃上げを行った場合、同一業界、あるいは同一地区、ひいては全国の賃金水準に激変をもたらす可能性があり、それによって他の経営者の感情を逆なでする（たとえば業界団体を通じて制限される）。同様に、安い労働力で投資を呼び込もうとする地元政府の取り組みを阻害する可能性がある。

より上部の行政機関の視点では、こうした状況は、国内資本の全体的な発展に有害だと考えられる可能性がある。利益率がそれほど低くない条件下での賃金抑制は、資産階級全体にとってさらなる優位点となる。すなわち、賃上げを要求する労働者との交渉において、資産階級の交渉の余地が高まる、ということである。極めて低く抑制された中国の労働者階級の賃金が、中国の資本主義の発展の決定的な要因となっている。その一方で低賃金への不満の蓄積が、労働争議の火に油を注ぐ結果になっているのだ。とりわけ、経済危機と高インフレの際に労働争議が拡大する。私たちは、この現象への理解を深め、賃上げ闘争を支援するための取り組みを強化する必要がある。

資本と労働との間の根本的な対立に関する明確な意識が欠如し、労働者に闘争の経験と戦略が不足していることは、本書のケースにおいても反映されている。しかしストについては、その強い突発性、規模の拡大化、分布範囲の広域化、しかも労働争議がときに連続することが、すでに資本の支配秩序に対する重大な脅威となっている。いまだ鉄拳による弾圧ケースには事欠かないが、統制、鎮静化、制限、誘導などの方法は、支配勢力にとって重要性を増していることは明らかである（民間資本のスポークスパーソンは、政治的交渉の切り札として労働者を取り込むため、労働者に譲歩する傾向がある）。

2008年に実施された労働契約法や、2010年に公布された社会保険法のようなトップダウンのアプローチは、支配階級が改革を熱望していることを反映していた。これらの法律により、一部の資産階級は利益を失うことになったが、搾取秩序の安定が保持されることになった。中国経済にとって、生産過剰やリソース（資源）の制約が当たり前になったことで、改良政策の代償を負担できない中小企業の中には、投資の引き上げや、さらには市場からの撤退を余儀なくされるところがあり、それが実際に、競合他社を利することになっている。さらに国家は、資産階級が派遣労働者（中国では一般的な下請け労働者を指す）を使うことで経費節減できるよう、法的抜け穴を残すことも忘れてはいなかった。特筆すべきは、2008年から2010年にかけて、派遣労働者の数が倍以上になっていることである。こうした派遣労働者の、明らかに正社員と異なる条件や懸念、そして闘いもまた、私たちが注目すべき重点の一つなのである。

労働争議を抑えるための主なアプローチの一つが、「仲裁者」を通じた労使紛争の調停であり、仲裁者としては、「中立」あるいは「労働寄り」の援助のもとで交渉に関与する政府機関や専門家、法律家、ジャーナリスト、人権団体が挙げられる。珠海市は、外資系企業の工場で一連のストが発生した後、1993年にはこうしたアプローチについて認識していた。最近、政府は公認労組に対し、権利擁護に関与し、「認められた仲裁者」になることを促す取り組みを行っている。こうした取り組みは、ある程度成功している。たとえば、多くの市が現在、組合主導の賃上げ団体交渉の制度を促進し、政府によって、かつての公認労組に対する（否定的な）イメージを変えようとしている。

次に紹介する3件の賃上げ要求ストの事例は、ストの全容を捉えるには不十分で、決して代表的なものではない。したがって、この問題に関する私たちの議論は、これら3件の事例に限定されるものではない。

第1章◉鋳物製造工場における集団サボタージュ事件

（２００９年11月23日：インタビュー）

この鋳型工場で、広東省および広西チワン族自治区出身の労働者４名にインタビューできたのは幸運だった。一番多く話してくれたのが、広西チワン族自治区出身の小春《シャオチュン》である。彼は２００４年からこの工場で働いており、２００６年に熟練工に昇進した。２０１０年には妹も同じ工場で働き始め、現在は事務員である。（私たちとの会話に加わった）他の女性のうちの１人も、２００５年から同じ工場で働いている。そして、４人目は２００９年から働いている見習い工である。２人の女性はいずれも専門学校卒で、同じことを学んでいた。このストは、熟練工、見習い工、清掃労働者、事務員を含む全ての人が参加した（香港出身の３人の社長を除く）点で、かなり際立っている。

工場について

工場（以下、X工場と称する）は鋳型工場である。従業員はわずか25名で、専門の監督者もいない。熟練工が見習い工や一般工に仕事を割り振っている。清掃労働者、事務員は香港人中間管理職から直接指揮を受けている。工場では、現地で生産されるブランド製品の鋳型をつくるため、実際には他の大規模工場向けの作業場として機能している。工場自体は独立した生産設備や管理部門、そして銀行口座を持っているが、現地で法人登記はされていなかった。香港出身の3人の管理職はいずれも標準語を話さないため、広東語を話せる人だけを採用している。労働者が全て広東省および広西チワン族自治区出身なのはこのためである。

労働者は数カ月働いた後で、はじめて工場との契約書にサインする。ストの前は、熟練工の月給は3000元（約4万9000円）である一方、見習い工が受け取っていたのは、日給わずか10元と、現地の最低賃金よりはるかに低かった。いわゆる3保険（年金、医療、雇用）に加入している労働者はいない。工場が用意した寮はまずまずだったが、社員食堂がなかったので、労働者は食事の際、外出しなければならなかった。家族と一緒に住んでいた労働者は帰宅して食事を取ることができた。工場では労働災害はめったに起きなかったが、起きた場合でも十分な補償はなかった。ほとんどの労働者は若く、熟練工は全員1980年代生まれだった。工場では熟練工のみが熟練労働者で、見習い工はその個々の能力と、生産ラインで一人で作業できるかどうかによって、昇進が決まる。毎日、各熟練工が部下である見習い工の作業を割り当て、師弟関係は密だった。労働者の中には技術専門学校卒の人もいれば、全く経験のない人もいた。事務員は、コンピュータ化された鋳型の扱いや、電話対応等の日常業務を行う必要があった。

本工場でのスト

ここは、労働者数千人を抱える大規模工場の関連施設である。ライン労働者の大多数は中高年であるのに対し、若年労働者は技術職だ。工場のオーナーは、かつて工場全体をこっそり移転させようとした。しかし労働者はストに立ち上がり、繰り返し工場への入口を封鎖。上司が夜中に機械を動かそうとしたときは、道路を封鎖した。ストの目的は、法定残業代を過去にさかのぼって支払わせることだった。会社は後に残業代を分割で支払ったが、その額がまだ法定基準に満たなかったため、労働者はストを続けた。ストは初期の闘争から妥結までほぼ1年間続き、その間、管理職のほとんどは中立の立場を維持した。ストに加わった者もいたが、それは一部の賃金と福利厚生が法定水準を下回っていたからであった。

X工場でのスト

本工場でのストから半年後、労働者は次々と補償を受け取ることができた。この知らせを2009年7月末に聞きつけた熟練工数人が、残業手当や経済的補償、そして4月以降契約を更新していなかった労働者(28)に対する基本給の倍額の賃金補償を要求しようと相談した。議論の間、多くの労働者がこの案を聞き、見習い工や事務員も支持を表明した。しかし、何をすべきか全くわからなかったので、リーダーに従うことに決めた。熟練工は月給は受け取っていたが、残業手当は支払われておらず、社会保険は未加入だった。比較的良い待遇であったが、それでもすべて「労働法に基づいた」賃金や手当を受け取りたいと望んでいた。ほとんどの人は行動することを躊躇し、成り行きを見守りたいと考えた。しかし、3分の2の労働者がこの問題に気付いたとき、リーダー7人（そのほとんどは工場の重要な技術者であった）が管理職に掛け合い、この問題を「世間話」風に持ち出して、補償の申請書を手渡した。管理職は当惑しただけで、態度を明らかにしなかった。労働者代表は毎日訴え続けたが、管理職はすぐに話をそらしたり、難癖をつけていると労働者を非難したり、あるいは労働者の説得を試みたりした。それに対し、労働者は常に背を向け、無視した。管理職のおざなりな態度に明らかに失望していた。

7月23日の朝、一部の労働者が作業を止めた。午後には全員が作業を止め、上司は、労働契約に署名していない労働者に倍額の賃金を支払うことはないと主張して、非常にあいまいな計算方法をもとに2年間の残業手当のみ支払うとした。つまり、単に時間稼ぎをするだけだった。また、労働者全員と対話するのではなく、労働者が代表を出して話に応じるよう要求した。労働者も作業現場で議論する一方、管理職は終日、事務所内で自分たちだけで議論していた。労働者と管理職との間でやり取りはなかった。労働者は、管理職が譲歩しない限り、労働行政の窓口へ訴えることを決めた。翌7月24日、管理職が連れてきた知人が、「中国人同士で争うべきではない。席について話し合おう」と言い、説得を試みた。彼は労働者の振る舞いを注意深く観察し、異なるグループや個人と個別に話し合うことを提案したが、労働者からは怒りの反応しかなく、知人はすごすごと退散した。

7月25日、労働者は、見習い工が支払った保証金を返還せよという要求を追加した。労働者の考えはまとまっていた。すると管理職は、ストは欠勤とみなし、3日間欠勤した労働者は「補償なしに解雇する」と通知を掲示した。これに怒り、会社には情けもないのかと感じた労働者は、その夜集まって法律を学び、ストが合法か、またストに加わることで何か法的な影響があるかどうか調べることにした。

その間、日中は、寮や作業現場でストについて議論し、労働法や訴訟手続きに関する文書を詳しく調べた。また、関連組織や政府機関とも協議した。当初は上司と個別に交渉し、それが失敗した場合のみ労働行政の窓口へ訴える計画だった。しかし、労働者側が譲歩を続けてもなお、管理職は妥結することを拒否し、労使双方とも交渉すること自体にいら立ちを隠せなくなっていた。リーダーのほとんどは勝利するまでストを続けることを望んだが、ストで目的を達せられなかった場合にどうするかは考えていなかった。他の労働者は、ストが成功するかどうかについて懐疑的だったものの、全ての議論に参加していた。しかし、リーダーを含む労働者の大多数は、法解釈、協議、議論のほかに何をすべきかわからなかった。

労働者全員が補償を求める闘いへ参加することに合意したとき、それぞれの共同行動の前にミーティングを行った。ミーティングの議題は、一定の譲歩の条件や、ストを行うべきかどうかということであった。ストが議題に上がったのは、本工場でのストの効果に触発されただけではなく、他のストに関するメディアの報道にも刺激されたからだった。最初、労働者の中にはストを支持しない者もいた。しかし、関連する労働法を勉強したことが自信につながり、ストに参加しようとする人が増えた。ストの間は、食事、水、印刷代等、全ての経費について文書で記録し、ストが成功した際には経費をそれぞれで分担することにした。

7月26日、労働者は交渉に誠実なことを示すため、翌27日から職場に戻ることを決めた。同時に、職場復帰が譲歩を意味するのではないと管理職に知らしめたかった。いったん交渉が決裂すれば、労働行政窓口へ苦情を申し入れる用意があった。職場復帰した人への管理職の対応にさらに怒った。労働者が事務所から自分たちの履歴書を持ち出したことを知り、10分以内に返却しない場合は警察に通報すると管理職が脅したのだ[29]。労働者らはそれが実際に「違法行為」なのかどうかの確信はなかったが、不本意ながらも履歴書を返却した。しかし、怒りは強まり、労働行政窓口に苦情を上げることを決めた。

この時点で管理職は、警備員に門を閉鎖するよう指示し、誰も外に出られないようにした。このロックインについては、実際には不法監禁だとする者もいたため、管理職は門を開け、20数名全員が堂々と労働行政部門へ向かった。労働行政窓口では管理職2人が呼び出され、労働者に対応した。窓口の係官2人は態度が悪く、「工場が違法行為をやっていたなら、なぜそんなところで働いていたのか？」などと怒鳴ったりした。受付終了時間が近づくと、係官は労働者に退去するよう促した。また、管理職は労働者に対し、交渉のため夜7時半に工場に戻るよう指示した。

その夜、管理職は労働者を3つのグループに分けて交渉した。日給が100元（1700円）を超える熟練工、給与が中堅レベルの熟練工や事務員、そして、見習い工であった。その計算方法は非常にあいまいであった。しかも給与の70％のみを経済的補償として支払うと主張し、後にその割合を80％に上げた。労働者側は95％を要求したが、後に85％に引き下げた。しかし、労使は合意に達せず、労働者は次々と去っていった。見習い工は全員、最低賃金以下の給与に対してはさかのぼって補償すると約束されたので、契約にサインした。

次の日、会社との合意に至らなかった労働者11人が再び労働行政窓口を訪れた。労働監督官は３人の代表を選出して交渉に当たるよう指示した。地元の村役場の役員らも仲裁に入った。交渉は正午まで続いた。１、２名を除く全ての労働者が午後、職場に戻ることを拒否した。見習い工は契約にサインしたことを後悔した。労働者は仲裁申請書を書いて、村よりひとつ上の区の労働局に訴える準備をした。

７月29日、全ての労働者が作業を止めた。管理職は再び、東莞で工場を経営している友人を引き入れ、ストの仲裁を依頼した。その友人は、交渉を再開する前に、労働法に規定された賃金率に基づいて給与の総額を計算するよう指摘した。７月30日、労働者が計算した賃金（倍額補償は含まず）は、すでに50万元を超えていた。上司は熟練工に対する経済的補償として、４カ月の分割で賃金の70％を支払うことを提案した。熟練工たちはそれを拒否した。また、上司は給与が中堅レベルのグループに対して賃金の70％の支払を、そして、見習い工には１００％の支払いを提案した。

ストの結果

ストが繰り返され、何度か交渉が行われた後、管理職は次のように補償を行うことに同意した。

①日給の基準に基づき、給与の25％を経済的補償として支払うとともに、残業手当をさかのぼって支給する。

②上記基準（過去12か月の基本給＋残業手当の平均支給額）に基づき、在職年数1年ごとに1カ月分の経済的補償を支払い、雇用関係を解除する。

③見習い工に対しては、最低賃金を下回った分の差額を補い、それに基づいて残業手当も計算する。また、給与の25％を経済的補償として支払う。

④工場の法人登記を行い、労働法に従って雇用契約を締結する。社会保険料を支払い、1カ月の試用期間を再設定する。

会社は支払い額が大きかったため、一括ではなく分割で支払わなければならなかった。8月末に退職する予定だった4人の労働者については、退職前に補償を全額受け取ることになった。ストの前はこの工場の離職率は低かったが、ストの後は多くの労働者が退職を選んだ。たとえば、リーダー4人のうち、3人が退職を決めた。ストの成功によって、労働法に対する労働者の姿勢は「その存在だけは知っている」から「より深い理解を得ようとする」に変わっていった。その後、「合同2次スト」を組織しようと、本工場のある労働者がX工場の労働者に接触した。しかし、X工場のストは解決したので、断念せざるを得なかった。

スト中の工場に就職しようとする者は誰もいないだろうから、管理職が突然労働者を全員解雇して新たに人を採用する可能性について小春は心配していなかった。また警察が介入して、逮捕者が出た場合、労働者は怒りを強め、団結してさらに過激な行動に出るだろうと考えていた。小春は、どんな行動でも、みんなで話し合うことで労働者が勇気づけられ、自信を持てるようになるのだと言う。ストの間は、ストが長引くかもしれないと心配する労働者がいた。その理由は、預金がないことによる経済的な不安、家族に関する不安、そして、高い生活費であった。しかし、ストは長引かなかった。その間も労働者は全員出勤カードを押していたので、会社は給与を払い続けた。労働者は、その後十分な補償を勝ち取り、ストにも比較的満足していた。

このストでは、賃上げを要求しなかった。その意味では何も達成しなかったことになる。小春は熟練工の賃上げ率は、業界平均より低いと感じていたが、ストによって賃上げを要求するのは効果的ではないと考えていた。それには3つの理由があった。第一に、中国は人口が多いので、スト参加者の代わりの労働者にはこと欠かない。第二に、毎年多くの若者が技術専門学校を卒業するのだが、高給を要求できるほどの経験がないので、技術工全体の給与水準の引き下げ圧力になっている。最後に、技術工は一般工と異なり法定給与水準がないため、賃上げを要求するための法的な基準がない。現在の雇用条件に不満がある場合、退職してより条件の良い仕事を探すしかない。残業手当をあわせると、多くの一般工の給与水準はすでに技術工のそれに近付いていた。外国と比較して、中国は技術工を重視していないことに小春は不満を持っていた。

いくつかの反省点

今回のストで見た労働行政の対応から、小春は、政府が非常に腐敗し信頼できないという感覚を持った。「和諧社会」（調和ある社会）のような公式スローガンも信じられなくなったし、現状がこのまま維持できるとも考えられなかった。道路を封鎖することは違法であるが、それは特に政府から注意を引くのに必要で、労働者には他に手段がなかったと小春は考えている。「政府は大工場や、〝騒ぎを起こす〟小工場だけに注意を払っていた」からである。小春は、他の工場で同じような状況に直面した場合にも、ストを先導するかどうかは労働者の団結によると話した。従業員の多い大工場の場合、労働者がリーダーシップを持ち、仲間を刺激して彼らに伝えること、すなわち、本工場でのストでは誰かがリーダーシップを発揮することが必要であると考えた。また小春は、労働組合等の仲裁機関が個々の労働者の問題解決を支援することが必要だと話した。

小春が明らかにした様々な事柄から、このストが成功した外部要因は次の3つに帰する。すなわち、ストで納品が遅れるのを恐れたこと。ストが拡大し、収拾がつかなくなることを政府が恐れたこと。そして、本工場のスト以外の、別の労働争議を何としても避けたかったことである。内部要因については、小春の発言通り表現すると「政府に解決を求めること、しかし第一に労働者自身の力に依拠する必要がある」ということである。

小春が言うには、労働者が休みのときは、インターネットやウィンドウショッピングをすることが多かった。新聞等のニュースを読んで政治に関する議論をすることもあった。小春は、労働者同士が交流すべきだと感じていたことから、こうした議論の場は知識を得る機会だととらえていた。たとえば、ある労働者はNGOから多くの資料を集めていた。小春は自分の将来について、当初は特に考えていなかった。しかし、しばらく働いた後、徐々に「将来への展望」を持つようになった。以前は、仕事のために故郷を離れようとは思っていなかった。他人と競争する気がなかったからだ。しかし、今では故郷に戻ろうとは思わない。だが、どうしようもなくなったら故郷に戻るだろうと話した。彼は、以前は実家に仕送りしていたが、今は止めている。こちらでの生活費が高いこと、実家でも彼の仕送りを必要としていないことが理由である。

賃金が低過ぎて生活費が高過ぎることから、深圳でお金を貯めるのは非常に難しいと小春は気付いた。出稼ぎ労働者が深圳のために一生懸命働いても、子どもたちがここで学校に通うには、(地元住民よりも)高額の学費が必要だとぼやいた。深圳では、出稼ぎ労働者がその発展に多大な貢献をしているにもかかわらず、公務員の職を得られるのは地元生まれの住民のみで、こうした「独占」状態が「持てる者はさらに豊かに、持たざる者はさらに貧しくなる」だけだと批判した。

最後に、彼はこう言った。「社会を実際に前進させているのは、技術をもったわれわれ労働者だ」

第2章◉大手エレクトロニクス工場における労働者のスト（2007年）

（2010年10月18日：インタビュー）

厳しかったスト

中国語版の編集者前書き：この文章は2人の労働者の口述から構成した。彼らはストの時はまだ幼く（90年代生まれ）、社会経験もなく、ストに参加したのはたんに「あっちこっち動き回って楽しかったから」だという。それゆえストに関する多くの問題について特に関心を払っていないことから、インターネットの情報（データソースの真実性については、読者各位が判断してほしい）にもとづいていくつか補足している。

ストライキの原因

その会社は、7月の前に基本給を上げると約束したが、8月分の給料が9月に支払われた際、会社がその約束を守っていないことがわかった。これは、その年に地方政府が最低賃金基準を調整しなかったことに関連すると思われた。８月に会社が生産ライン以外の労働者（品質検査官、事務員、技術工等）の基本給を50元上げ、７月分の差額についてもさかのぼって支給したことが、生産ライン労働者の怒りに火を注いだ。政府の最低賃金調整を待っていた生産ライン労働者は激昂した。９月12日の夜、夜勤の労働者がストに入った。私たちがインタビューした人たちは知らないと言ったり、単に忘れていたが、９月12日のスト初日、労働者は国道１０７号線を２時間封鎖し、軍服を着た部隊によって工場へ強制的に戻された。

９月13日、労働者は再び国道に出た。１００人から２００人が国道に向かって歩き出したが、盾やこん棒を持った１００人にもなる治安連防隊〔警察配下の地元治安組織〕と対峙した。隊員は人間の壁を作り、こん棒や盾を使って労働者を国道から徐々に追い払った。労働者は隊員に、あえて追いつ追われつの対応をしているように見せかけ、突然、国道を横切って逆方向に走り去ったりしたため、連防隊員や警察官が恐れて、混乱状態に陥った。彼らは急いで道を渡り、同じ方法で労働者を退却させようとした。宝安区のパトカーがその地域を巡回し、拡声器を使って次のようなことを話した。「L工場の労働者諸君、君たちの８００元の賃上げ要求は会社もすでに合意しています（実際には７５０元のみ）。すぐに解散してください。さもなくば、中華人民共和国行進示威法に従って安全のために鎮圧を始めます」。対立は夜7時すぎまで続いた。警察が通りから通りへ追いかけたため、労働者は散り散りになった。

子どものころから工場で働く

私は、2006年、中学校を卒業した後、仕事を求めてすぐに故郷を離れました。両親は、女の子に勉強は必要ないと考えていたので、私に勉強を続けさせようとはしませんでした。その年、村で中学校を卒業したのは3人だけでした。村の女の子たちは、卒業後は働くために村を出るのが普通でした。卒業前に高校の入学試験を受けなかったのはそのためです。両親は、以前は私に一生懸命勉強しろと勧め、村を出て働くように言ったことなどなかったので、そのときは、働くことなど考えもしませんでした。ですから、卒業前に仕事を探すように言われたときはとてもショックでした。父親は家では非常に独断的で、父親の決定に異を唱えられる者はいませんでした。当時、私はまだ若く、あまり分別もなく、常に両親の要求にできるだけ応えられるようにしていました。故郷を離れて働くことなど、全く想像できませんでした。姉が村に帰ってきたときはいつも父親が、外で働くのは難しいに違いない、社員食堂の食事は栄養価が低いに違いないと言い、姉においしい食事を作っていました。それ以来、故郷を離れて働くのは非常に疲れることだと知りました。

私は1990年、3女として生まれました。姉が2人、弟が1人います。当時、一番上の姉は工場（以後、L工場）で働いており、1年間、家を離れていました。帰ってきて、私が仕事を始められるよう、私を連れ出しました。私が最初にそこへ行ったときは、まだ働ける年齢に達していませんでしたのでL工場には入れず、（規制の緩い）[30] J工場で品質検査員として働きました。2007年の初めに17歳になったので、一番上の姉が私をL工場に紹介しました。私たちは、同じ部署の違うフロアで仕事をしました。

工場の基本的な状況と従業員の人間関係

L工場は1959年に設立され、1982年に深圳に移転してきました。自動車の付属品や家庭電化製品、電動工具、その他のマルチメディア・AV製品に使われるさまざまなモーターを製造しています。工場の従業員数は2007年の段階で2万人、現在は3万人です。

工場は離職率が高く、それが人事部にとって高いコストとなっていました。しかし、それに関してはほとんど手立てがありません。それでも、7~8年、さらには10年以上勤務する労働者もいます。仕事のストレスは、主に生産ノルマが原因です。私は順応性があり、他の人ともすぐに打ち解けられるので、職場でのポジションは変わっていません。ときどき、チームの班長から違う仕事を手伝うよう指示されます。

1つのチームには通常、20人から30人の労働者がいます。私たちはもともと、管理者とは良い関係を保っていました。私が若くて素直だったので、チームの前の班長は親切にしてくれました。班長はしばしば、私に残業をまかせてくれました。私たち従業員が残業できるかどうか〔つまり残業代が稼げるかどうか〕は、全て班長にかかっています。その後、新しい班長が来ましたが、その人との関係は前の班長ほど良くありませんでした。

生産ラインの同僚との関係は良好です。私が働き始めたときはまだ若かったので、同僚がとても親切にしてくれました。また、工場では、同郷の友人も多くいます。ほとんどの労働者は湖北省や河南省の出身です。私たちは仕事中、ゴシップやプライベートなこと、自分たちの気持ちや芸能など、あらゆる話題について、よく延々とおしゃべりをします。生産に支障があったり、安全衛生上の問題がない限り、班長はおしゃべりを止めたりはしませんでした。休みの日には、同僚とハイキングやショッピング、パーティを楽しんだものです。当初はそれがとても新鮮でした。しかし今ではそのように感じることもなく、1人でいるほうが好きです。技術工は全員男性ですが、この工場全体を見ても男性がほとんどいないことから、冗談で「尼寺」と呼ばれていたくらいなので、誰かと恋に落ちるなどとは考えもしませんでした。

労働者が仕事上のミスをしても、班長は怒りますが、「今後はミスのないように、次からは罰金だからね」と警告を出すくらいです。ミスがあまりにひどかったり、作業ペースがあまりに遅かったりすると、班長は「馬鹿野郎！　出ていけ！」といった調子で叱り飛ばしましたが、そういうことはめったにありませんでした。

私の生産ラインには大卒の人もいます。彼女らにとっても仕事を見つけることは容易でなかったと聞きました。私たちとそれほど変わりません。経営側とのコネがある人はもっと簡単な仕事をしていました。

工場のカウンセリング制度とレクリエーション施設

ⓐ　カウンセリングおよび心理サービス：労働者がストレスとうまく付き合えるよう、心理カウンセリングルームが開設されました。これは相談室で、パートタイムの心理カウンセラーが1人いただけです。カウンセリングは予約制で、料金は工場が支払います。カウンセラーは外部の人で、予約があるときだけ来ます。工場については、言っていることとやっていることが違うと思います。カウンセラーは労働者に対し、気持ちを吐き出すように言いますが、効果的な問題解決法を提示することはありません。カウンセリングを求める人は、部署、氏名等を名乗るように言われます。カウンセリングで出た問題は、工場に関係があれば、経営側に報告されることがあります。しかし、だれも自分の心に問題があると思いたい人などいませんので、利用者はほとんどいません。私と同郷で、カウンセリングを受けたことのある人は1人だけです。

ⓑ　寮サービス部門：寮に関する問題はこの部門に報告されます。たとえば、ルームメートが喧嘩した場合、スタッフは問題解決のサポートをするか、部屋を変える手伝いをします。お湯が出なかったり、何かが紛失したりした場合も、労働者は報告することができます。寮ではごみ箱やほうき、そして、卓球のボールやバドミントンの羽根のような簡単なスポーツ用品も無料で貸し出されます。部屋の鍵を紛失した場合は、鍵も貸与されます。寮のスタッフは親切で熱心です。

ⓒ　住環境：工場側で寮を用意しています。寮には各階に24部屋ずつあり、1部屋7人です。寮の建物は新しく、トイレやバルコニー、扇風機が付いています。最上階の8階には今、エアコンが付い

ていますが、これは暑さに対して苦情が出たためです。社員食堂はサービスが行き届き、清潔です。自分でコンピュータを持っている人もいて、だいたい各階に1台はコンピュータがあります。インターネット環境を個人で整えるのは高すぎるので、何とかしてほしいと何度も要望が出ているにもかかわらず工場が対応しないため、ある男性は怒って自分のコンピュータを捨ててしまったこともあります。

ⓓ　レクリエーション区域：スケートリンク、バスケットボールコート、バドミントンコート、卓球場、ビリヤード、インターネットカフェ（利用料は1時間2～2・5元から1～1・5元に下がった）等のレクリエーション施設は、工場側が提供しています。

元旦その他の祭日には、工場がパーティを開きます。毎年、運動会が開催されます。今年は11月21日でした。

従業員ミーティング

従業員ミーティングは毎月15日に開かれます。各部門単位で参加します。私のいるフロアには約3000人が働いていて、ミーティングに誰が参加するかは班長が決めます。ときどき無作為に選ばれることもあります。生産が遅れることを恐れて部下を参加させない班長もいます。その方針がいつ始まったのかはわかりません。今年になるまで、私はミーティングに参加したことはありませんでした。

このミーティングには、人事部長、部門長、フロアアシスタント（生産部署ごとに1人配置されていて、新入社員を作業部署に引率し、従業員の意見を経営陣にあげる仕事をしている）などの、上級管理職が参加します。毎回、ミーティングには20人から30人程度が参加します（全労働者の1割未満）。ミーティングでは、不満や改善提案があるか聞かれ、人事マネージャーが文書で残します。

後に実際解決した問題もあるので、こうしたミーティングは効果があると言えます。たとえば、水不足、トイレの数が不十分、立ちっぱなしの作業による疲れといった多くの問題がミーティングで報告されました。以前、トイレは作業場の片側にだけしかなく、全く不十分でした。しかし、労働者がこの問題を挙げた後、作業場の両側にトイレが設置されました。２００３年や２００４年には、立ち作業がきつ過ぎたので、私たちの作業場で試験的に椅子に座って作業がおこなわれました。しかし、その後、女性労働者が作業中に居眠りし、頭を機械にぶつけたことで労災が発生したとかで、椅子は全て撤去されました。以前は作業靴を履いていたのですが、コスト面からの理由（靴箱が作業場でスペースを取る）で作業靴の配布もなくなりました。解決に追加費用が掛かる可能性のある問題については、多くの人から苦情が届かない限り、会社側はあらゆる言い訳を使ってごまかそうとしました。

最近、インターネットに接続できるよう、工場側に提案したのですが、やんわりと拒否されました。オンライン上で詐欺に遭う人が出たので安全ではないというのが工場側の言い訳でした。上司は口ではインターネットサービスへの「申請をサポート」することに同意しましたが、実際に行われるかどうかは「上の者」次第です。

ストの過程

ストの原因

２００７年、最低賃金が引き上げられたのに、この工場では賃上げがありませんでした。賃金は毎年７月に改定されていました。私たちの市では新しい最低賃金基準の発表が遅れました。会社側は、かなり前から基本給を上げることを約束していましたが、８月分の給与が９月に支払われた際、賃上げは行われていませんでした。生産ラインの一般工の賃金はわずか１５００元ほどで、食費も自腹でした。したがって、生活費が上昇し続ける一方で、家賃と食費を払った後、ほとんどお金は残りません。ちょうどこの時、周辺の物価が暴騰しました。この会社の給与レベルは近隣の工場より少し高かったこともあり、この地域の消費水準も周辺よりも高かったのです。賃上げが遅れ、物価も高騰したことでみんなとても怒っていました。こうして、２００７年９月12日、１９５９年の会社創設以来最大のストが起きたのです。

ストライキ

私が工場に入ると、すぐにストが始まりました。私はそのとき、まだ世間知らずで、活発で陽気な性格でした。私がストに加わったのは、単に他の人もそうしていたからです。ストが始まったのは、自動車のモーターを製造するB部門で、受注は堅調でした。この部門では5000人近くが働き、工場全体で最も重要な部門でした。その部門には5フロアにわたって作業場があり、その2階の労働者がストを始めたのです。ストを先導したチームリーダーは、夫が裏社会の関係者だと噂されていたこともあったので、できたのかもしれません。ストに関する情報は、主に河南省や湖北省の故郷の友人の間で、携帯のショートメッセージを通じて送られました。

9月12日、私は夜勤でした。日勤の労働者がストに入ったということで（実際には違いましたが）、夜勤の労働者もそれに続けという話が広がりました。多くの人がストに加わる心づもりでした。私は3階にいて、「4階の労働者もストに突入したぞ！」という噂が飛び交っているのを聞きました。私たちはストについて話している間、もう仕事が手につかず、作業も遅くなっていました。突然、女子工員の1人が扱っていた製品を横に置いて手袋をはずし、放り投げました。これを見て、他の労働者も触発され、続々と作業場を離れました。その女子工員は勤続が長く、勇気があって頼りになる同僚で、いろいろな問題について話したり、対応したりするときは礼節のある人だと見られていました。彼女は自分の考えやスタイルを持っており、他で何を聞いたとしても、それを鵜呑みにしない人でした。

製品は通常、生産された翌日に出荷されていました。ストが始まるとすぐ、工場オーナーの信用は落ち、顧客が離れてしまうため、多額の賠償金を支払うことにもなりかねません。したがって、ストを回避するため、全ての下級管理職に対してミーティングが招集されました。マレーシア人のマネージャーは、「どうか助けて欲しい。これ以上ストはやらないで欲しい。今回、私が中国で仕事をするのは初めてなので、みなさんが仕事を再開しないとクビになってしまう」と言い、労働者の怒りを和らげようとしました。

チームリーダーは組立ラインに戻り、労働者に圧力をかけました。監督が作業場に来て、「仕事をすぐに再開しろ、そうでないなら今すぐ帰れ」と警告しました。チームリーダーの中には、昇進を期待して労働者にひどい対応をする人もいました。労働者は怒り、作業場を離れました。マネージャーは警備員に対し、出口を封鎖して労働者が出ていかないように指示しました。しかし、何人かの警備員は労働者が出ていくのを止めませんでした。警備員は工場が直接採用しており、その給与水準は一般工の賃上げに準ずるものだったと思います。

しかし、私が工場を出ようとしていたときに出口にいた警備員はとても失礼で、腕を使って私たちを制止し、それもできなくなると、私たちに暴力を振るおうとしました。しかし、「警備員が暴力を振るっている！」と誰かが叫ぶと、もう私たちを制止しようとしませんでした。すぐに階段を駆け下りはじめると、多くの人が付いてきました。いくつかの部門はドアに鍵をかけ、労働者が出て行って他の人に影響を及ぼさないようにしました。私たちは芝生の広場のところへ降りて行きました。ストはまるで事前に計画されたような印象を受けました。上手ではありませんでしたが、歌ったり踊ったりしました。しかしほとんどの人は、ストの間、そんなふうに楽しむ雰囲気ではありませんでした。野次を飛ばす人もいました。別の階の労働者も触発されて降りてきました。

工場内での座り込みと国道の封鎖

次の日（9月13日）、多くの武装警察官や、さまざまな政府機関の職員が現れました。ストは違法であるため、労働者は仕事に戻るように、要求があれば工場の中で問題提起するようにという、深圳市の労働組合の幹部の声が拡声器を通じて広がりました。労働者の1人は、賃上げがあってしかるべきだと要求しました。組合幹部が賃上げについて聞いてきたので、その労働者は具体的な要求金額を伝えました。組合幹部の回答は、この工場における現在の最低賃金水準はすでに法定基準を満たしているので、大幅な賃上げが行われる可能性はないというものでした。ストに参加していた私も、同僚と一緒に強く訴えました。あまりの低賃金で、実家に送金できないと言いました。組合幹部と一緒にきた奴が私を睨みつけ、発言するなとでも言わんばかりでした。私はすこし怖くなったので別の場所に移動しました。しかし、私だけではなくとても多くの人が苦情を上げていました。

その夜、私たちはストを続け、芝生に座り込みました。歩き回っていると、誰かが国道に出ようと提案しました。みんなが歩き出したので、私は付いていきました。夜10時頃でした。警備員は私たちを止めることができず、仕方なく門を開けました。たまたま工場の隣の大きな家具店が、多くの色鮮やかな旗を飾ってグランドオープニングを祝っていました。旗がきれいだと言ったら、誰かが旗を1本抜いて私にくれました。他の人もそれを見て同じことをしたので、ほとんどの旗は抜き取られてしまいました。

最初は、車のスピードが速すぎて、なかなか国道を封鎖することができませんでした。しかし、国道は次第に労働者で埋め尽くされました。女性労働者が最前線で手をつないで立ち、あとから来た人がその後ろに立ちました。クラクションがけたたましく鳴っていましたが、私たちはそれを完全に無視しました。チームリーダーや技術職も国道封鎖に加わりました。周囲や隣同士はお互いに見ず知らずでした。

国道を封鎖して5、6分後、地元政府は治安要員を派遣し、私たちを追い払おうとしました。乱暴な治安要員が長い竹竿を使ってアヒルをかごに入れるように労働者を捕えて、道端に追いやり、抵抗した労働者の社員証を取り上げました。

スト参加者のほとんどは女性で、すぐに怖がって、治安要員とあえて対峙する者はいませんでした。治安要員はスクラムを組んで、私たちを道路の外へ押し出しました。彼らは乱暴で、仕事へ戻らなければ、ここにずっと立ちっぱなしになるだけだと警告しました。1人の男性労働者が陸橋に駆け上って、「ストさせないのならここから飛び降りるぞ!」と言いました。しかし、冗談のように聞こえたので、気にも留められませんでした。そのとき、私たちは遊びのようにストをしていたので、政府がストをやらせないというのなら、工場内の芝生に戻るだけでした。管理職はチームリーダーに私たちの様子を見てくるように指示しました。チームリーダーに見つかると、私たちはすぐに他の場所に逃げました。チームリーダーもとりあえず言われたことだけをやっているようでした。私たちは働くことに疲れ、チームリーダーもまた、労働者を管理することに疲れていたのです。

賃上げと仕事の再開

3日目（9月14日）、上司は30元の賃上げを提案してきました。それによって基本給750元が780元に上がることになります。また、7月と8月にさかのぼり、基本給と残業手当に関して差額を支払うことを提案してきました。ストが始まってから、組合スタッフと工場の上司は、私たちの要求が何かを尋ねてきましたが、賃金に関する要求についてはコンセンサスが取れていませんでした。どれくらいの賃上げが必要なのか、私たちはわかりませんでした。ただ、心理的な安らぎを求めていました。

組立ライン労働者が誰もストに参加しなかったチームのリーダーは、とんでもない人でしたが、スト反対を傲慢にも主張しつづけて管理下の労働者をストに参加させなかったとして奨励され、後にマレーシア人マネージャー（私の部門のゼネラルマネージャー）の後押しで現場監督に昇進しました。画期的な賃上げを勝ち取ったこと、そしてそのチームリーダーのラインがスト中も操業を継続していたこともあり、ストに参加していた私たちも仕事を再開することにしました。すぐにすべての作業場で生産が再開されました。工場側は私たちに対し、2度とストをやらないという誓約書に署名するよう要求し、奨励金として1人50元が支給されました。

生産ラインに戻った後、私たちは従順に持ち場に就きましたが、作業は行いませんでした。生産ライン上で手は動いていましたが、生産は完了しませんでした。現場監督は動き回って私たちをチェックしていましたが、彼らがこちらを見ていない限り、何もしませんでした。かれらは、いつもは粗雑で攻撃的でしたが、そのときはみな、笑みを浮かべていました。「伸手不打笑臉人」（笑顔の人間は殴らない）という中国の古いことわざがあります。私たちの面目をつぶして仕事をさせたかったのです。

私たちのチームリーダーは、まじめに仕事をしているところを見せるため、上級マネージャーや主管が立ち止ったとき、わざと私を怒鳴りつけました。彼女は、私に従順さが足りないと感じていたのです。私はすぐに、「もうたくさんです。作業を拒否している人はたくさんいるのに、なぜ私だけにそうするのですか？」と言いました。私の反応を見た主管は、一緒に外へ出るよう私に言いました。生産ラインの同僚はみな、私が首になるのではと心配しました。私は若く、常に同僚をサポートしようとしていたので、私のことを心配してくれたのです。私は、「クビにするならどうぞ。いずれにせよここでは働きたくありません」と言いました。主管は非常に真剣な表情で、なぜ仕事をしないのか私に聞いてきました。私は率直に答えました。「組立ラインで働いているんです。前の工程から（製品が）流れてこないのに作業などできません！　他の人が作業を止めたので、私も止めるしかないでしょう」と。

監督は態度を変え、柔らかい口調で、「私たちはみな、故郷を離れ、雇われ仕事をしているんだ。それぞれ職責が違うだけなんだから、こんな状況においこまれることはよくない。ここでストが続いていることを社長が知ったら、私たち全員の立場が悪くなる」と言いました。私は何も言わず、監督は私を職場に戻して仕事をさせました。私はまだ不満でしたが、従うしかありませんでした。私たちはサボタージュを続けました。その夜、工場側は私たちを社員食堂に行かせず、作業場で食事を用意しました。私たちが作業場を離れたら戻ってこないのでは、と心配したためです。食事を口にする労働者もいれば、「工場側が用意した食事を口にしなければ、仕事をしなくても少なくとも罪悪感を感じることはない」と考え、食事を拒否する労働者もいました。次の日、チームリーダーは生産ノルマを提示し、生産は徐々に回復していきました。

手当の改善と「トラブルメーカー」の排除

基本給が上がっただけではなく、作業場の管理も改善されました。工場側は労働者用に意見箱（投書箱）を設け、労働者が経営側と話ができるよう、内部で従業員コミュニケーションチームを立ち上げました。マネージャーは、以前のようなひどい態度はしなくなりました。寮には温水器が新たに設置されました。労働安全委員会が設立され、毎月安全が確認され、保護具が配られ、製造時の安全がチェックされるようになりました。

ストの2日後、労働者数名が経営側とのミーティングに呼ばれました。私たちの作業場で働く女性が1人、首を切られました。彼女がストのリーダーであると、誰かが密告したからです。その子は本当におとなしく、何ら悪い影響を及ぼすこともなければ、リーダーのように見えることもないと思いました。2階の組立ラインの労働者は全員、辞めました。そのほとんどはここで仕事を続ける気がなく、だいぶ前から辞める準備をしていたのです。仕事を再開する気がなく、他の労働者がすでに仕事に戻ったあとも要求を重ねていたのは、2階の組立ラインの労働者だけでした。その結果、自主退職か解雇になりました。経営側はこれらの労働者がストのリーダーだと思い、全員を首にしたと言う人もいました。

個人的な反省

ここは多くの労働者を抱える大工場です。昇進するには個人的なコネに頼らなければなりません。内部の情報を知る者のみに開かれた地位もあります。工場側が主管のポジションへの公募を行ったことが1回だけあり、そのときは、200人以上から応募がありました。2009年、私はしばらくチームリーダーでしたが、すぐに生産の仕事に戻りました。私には勤まりませんでした。チームリーダーになるには、マネジメントスキルと個人的なコネが必要です。そうでなければ、注文をさばくため、24時間体制で仕事をしなければならない場合でも、他の組立ラインのリーダーが労働者をサポートに回してくれることはないでしょう。昇進するには個人の能力だけでなく、チャンスに恵まれることも必要です。社長の娘さんが工場を訪問したときが良い例です。彼女は、トイレに案内するようお願いした女性労働者の対応を高く評価したので、その労働者は昇進しました。

ストに関してはほとんど知識がなかったので、他の人に付いていくぐらいしか思い浮かびませんでした。でも今ストがあったら、法律をある程度知っていますし、簡単にはだまされないので、恐れることはありません。また、十分確信を持って他の人を組織し、コミュニケーションを取りながら、あ

「工員投書箱（意見箱）。賃上げ以外のどんな問題でもお書きください」

る程度提案することができます。ストの後ではここの給与水準に満足しています。なぜなら、結局のところ、地域の他の工場に比べて高いからです。父親も私に対し、従順であれと言っていました。だから賃上げを勝ち取った後も、私はここで仕事を続けているのです。

第3章◉2010年の賃上げ要求スト

（2010年7月10日：インタビュー）

工場の背景

N工場は、深圳[31]郊外のある工業団地に位置する。それは腕時計工場で、いわゆる「三来一補」企業[32]の1つである。A社とB社によって共同で設立された工場である。私たちがインタビューしたZはA社の従業員だが、ストを行ったのはB社の労働者であった。したがって、執筆にあたって収集した情報は、直接の経験と言うよりはむしろ、ほとんどまた聞きである。

A社は一般工とラインマネージャー、そして班長のみ採用する。技術職、監督、上級管理職等は全てB社が採用する。労働者を新たに採用する場合、B社が正式の就職フェアを使うのに対し、A社は通常、会社の入口に求人票を掲示していた。A社に採用された労働者は、全フロアの各作業場に配属されている。誰がどの会社で働いているかは、社員証の色で識別できる。A社は白、B社は赤である。

N工場は全部で3棟あり、それぞれ3階建てとなっている。1号棟では腕時計のケーシングを作り、Zは2号棟の3階の組立ラインでコイルを作っている。3号棟には品質検査場がある。

給与と手当

一般工の基本給は月1050元で、深圳の最低賃金基準（900元）より高い。残業手当は労働法に従い計算される。工場では寮や食事は有料だ。労働者は10人部屋の寮に月37元を寮費として支払うが、通常は1部屋7～8人である。お湯代は1立方メートル当たり18元取られ、光熱費は月約50元である。居住区域には社員食堂があり、1食約2・5元だ。Zは通常、昼食のみ社員食堂で取るが、食費は月に約100元であった。朝食と夕食は居住区域にある別の店で買って食べている。

労働者と管理職との関係

Zは以前も同じ工場で働いていたが、一度辞めてからまた戻ってみると、職場管理がかなり改善されていると感じた。たとえば、彼女が工場に戻ってきたとき、お金に困っていたところ、ラインマネージャーが自分の判断でお金を貸してくれた。Zは当初、以前のラインマネージャーからお金を借りようとしていたが、現在のラインマネージャーはZが他人行儀で自分に相談しなかったことについて「言ってくれればよかったのに」と不満を漏らしたほどだ。ラインマネージャーが新しい従業員にお金を貸した場合、上司がその従業員の給与から天引きし、ラインマネージャーに返済できるようにする規則が工場にあると、Zは聞いた。しかし、その詳細についてははっきりわからなかった。

一般工同士の関係は比較的良好である。Zの作業現場は90%が広東省出身の労働者だが、そのほとんどは北京語を話している。仕事中はあまり話さない。寮の部屋には作業場の違う労働者もいれば、日勤や夜勤の人もいた。ルームメートが寝ている人を起こしてしまい、争いになったりすることがあるか聞かれると、Zは、みんな気を遣い、他人に迷惑をかけないよう意識しているのでそういうことはめったに起きないと答えた。

結婚するとみな、寮を出てアパートを借りていた。

昇進

工場には下から、一般工、ラインマネージャー、チーム班長、現場監督、マネージャー、総監督と、さまざまなポジションがある。一般工としての勤務状況が良ければ、ラインマネージャーの下の職位である「アシスタントラインマネージャー」に昇進できる。アシスタントラインマネージャーの月給は、一般工に比べて100元高い。ラインマネージャーが辞めた場合には、次にラインマネージャーになることができる。Zによれば、ある女性労働者は7年間アシスタントラインマネージャーを務めていたが、昇進の見込みがなかったので、2009年に工場を辞めてしまった。

離職率

N工場は近隣の工場に比べて給与が高く手当も充実していたので、離職率は低かった。しかし、2010年に入り、それが変わり始めた。このために年始からストの前日まで、工場は新たに労働者を募集していた。Zは30人以上の同僚とともに工場で働き始めたが、残ったのは10人強であった。何人かはわずか数日で辞めた。辞めた理由はさまざまである。たとえば、あるベテラン労働者は、結婚のため故郷に戻りたいと退職を選んだ。すぐに辞めた人の場合は、「作業現場がうるさ過ぎる」とか、「立ち仕事は疲れる」といった理由であった。Zは、以前から騒音がひどい中で立ち作業だったのに、離職率がはるかに低かったことを不思議に感じていた。この工場は簡単に辞めることができた。他の工場では、管理職があれこれと理由をつけてくるため、辞めることが大変難しい。少し前にも、入社してすぐに辞職願を出した労働者が、上司から「退職はかまわないが、7日間働いてからだ」と言われたという。この工場には、辞める7日前までに退職願を提出すれば、絶対にそれを拒否しないという規定がある。

工場の変化

Zが最初に工場で働き出したのは2007年3月で、翌年の2月に退職した。2010年4月29日に再びこの工場に入った。これら2つの時期を比較すると、次の3つの点で変化があったようだ。

・採用

最初に就職したときは、入社試験があったが、2度目はなくなっていた。2007年は、身分証明書の提出（偽の身分証明書は認められなかった）、身体検査（B型肝炎患者は採用されない）、そして試験という関門があり、非常に厳しかった。Zの他に40人以上の求職者がいたが、採用されたのは30人ほどだった。2度目は試験がなかったこともあり、最初のときほど厳しくなかった。工場側は特定の地域出身の求職者を差別していたが、具体的にどの地域かはZの口からは聞かなかった。しかし、一緒に応募した女性は、貴州省出身[33]だとわかった途端、すぐ不採用になったという。

・規律

規則は以前に比べ、はるかに厳しいとZは感じた。それはある程度詳細に明文化されていた。たとえば、労働者のトイレ休憩の時間は15分から10分に短縮され、午後の休憩時間も同様に短縮された。

・寮

消毒は、以前は月2回行われていたが20日ごとになった。社員食堂での食事は、1食1・8元から2・5元に上がったにもかかわらず、以前に比べて、明らかに質が落ちた。しかし、全体的に物価が上がっていることを考慮すれば、それは普通だとZは考えた。

ストの原因

富士康とホンダが給料を上げた後、B社の労働者は自分たちの給与水準に不満を抱き始めた。しかし、B社の賃金は、ZがA社にいたときの賃金よりはるかに高かったと彼女は言った。技術職の月給が平均5000～6000元、コイル部門の監督者の月給が1万元だったのに比べ、新規採用の一般工のそれがわずか1600元だったことに彼女は不満を抱いた。ベテランの労働者は月給2000元だった。この賃金格差の原因は給与表の違いではなく、ベテラン労働者が優先して残業できたことにあった。すなわち、新しく入った労働者の残業スケジュールは発注量によって左右されたのに対し、ベテラン労働者には日曜日の残業が確保されていたからだ。前者が残業できたのは繁忙期だけだった。残業がなければ、休みの日は休むしかなかった。

ストの過程

B社の労働者は、6月6日の月曜日からストに入った。かれらの要求は60%の賃上げであった。同じ日に、記者らが取材しに来た。労働者はその日夜7時50分まで残業していたので、ストは火曜日(6月7日)までに終わるだろうと、Zは当初考えていた。しかし火曜日、作業現場へ行くと、B社の労働者全員が1号棟に集まっていた。Zはストに参加したかったが、周りの人たちは動かなかった。彼女の同僚が何かささやいていたが、誰もあえてストに加わろうとしなかった。主管は帰宅していたが、チームの班長とラインマネージャーがまだ作業場に残って労働者を監視し、警備員もまだ下の階にいた。

作業場でのおしゃべりから、チームの班長が弱腰なことにみんなが不満を持っていることがわかった。数日前、主管が班長にストをやりたいかと聞いたところ、やりたくないと答えたので、みんなは班長には私心があると考えていた。もし今の主管が首になれば、班長に昇進のチャンスが回ってくるからだ。

B社の労働者は全員、水曜日（6月8日）にストを行ったが、A社では、チームの班長が一般工に対して作業現場を離れることを許可しなかった。ラインマネージャーは、「今日は特に用のないものは外出しないように。もし何か事故があっても責任はとれない」と警告した。ベテランの労働者の中には、ラインマネージャーが良い人だと感じ、逆らうのは忍びないと思う人もいた。他の人も、許可を取らずに作業現場を離れた場合、社員証を没収されることを恐れたため、あえてストに加わろうとはしなかった。社員証が没収されても、解雇されたり罰金を払ったりすることはなかったが、タイムカードの打刻ができなくなってしまうからだ。通常、社員証を没収された時は、主管から返却される。再度没収された場合は、打刻用に予備の証明書が支給される。しかし3度目の没収が限界ではないかとZは考えていた。3度目の没収でどうなるかは、Zにもわからなかった。おそらく賃金支給額と直接リンクしたポイントがマイナスされるだろうと推測した。

木曜日（6月9日）の午後、工場側は、全ての一般工がストに加わらないようにするために2日間の休みを与えた。彼らの多くが作業現場を離れる許可を得て、帰宅した。

「インフレ」（メキシコの漫画）

私たちはZに対し、N工場の基本給が7月1日以降、深圳の最低賃金基準（1100元）までしか引き上げられない場合はストを行うのかを尋ねた。労働者は工場に関して比較的満足しているので、一般工がストを行う可能性は極めて低いと彼女は感じていた。この工業団地では、ZのようなN工場の労働者は、基本給が現地の最低賃金よりすでに150元高かったため、(34)高給取りだと考えられていた。またZは、1年間フルで働いた労働者に対する、2カ月分のボーナスのほかにも多くの手当があると話した。年末にはさらに多くの手当も出る。N工場の離職率は比較的低い。「香港出身で長年勤務しているある労働者は、私が生まれたころからここでずっと働いている」とZは例を示した。

ストの後、B社は労働者の給料を上げたが、A社は変わらないとZは言う。6月14日、A社の一般工の基本給が月1050元に引き上げられると言われたが、ストがあったB社では給与水準が引き上げられたかどうかは把握していない。

◉英語版への解説──さらに広がりレベルが上がる中国のスト

中国では変化が早い。本書で紹介したのは2010〜11年の出来事の聞き取りで、労働者が触れたストの多くはさらにその数年前に起きたことである。中国では数年間で多くのことが起き、実際、労働政治においても大きな出来事があった。私たちは最新情報を包括的に伝えることはできないが、強調すべき点はいくつかある。

まず、労働争議は広がり続けている。ストその他の直接行動の数は、2008〜09年の経済危機が深刻化した後は、高止まりした。中央政府からの法的および象徴的な取り組みは、これまでのところ、労働者のストを抑えることができないでいる。ストは、従来見られるような製造業部門だけでなく、運輸労働者、教員、街路清掃労働者、小売労働者、ホワイトカラー労働者の間でもよく起こる。さらに珠江デルタや揚子江デルタのような従来の温床から、内陸にまで広がっている。高コストを避けて資本が西へ移動するのに伴い、労働者の抵抗も西へ向かっている。

これまでとは違い、中国内陸部で急成長が見られることで、本文で紹介した沿岸地域では、すでに産業の空洞化が見られる。深圳や東莞といったところの労働集約型企業の多くが、人件費や地価の上昇の結果、撤退していった。この地域の地方政府は、こうした低付加価値の製造業を保持することへの関心を失い、資本集約型で高付加価値の生産活動を誘致したいと考えている。こうして、2010年には、珠江デルタの一部の労働者階級では、積極的需要、大胆な要求や利権にもとづく要求が増加する一方、仕事を失う労働者もいた。これにより、退職金や未払い賃金をめぐる抵抗が高まった。今日の中国で工業化と産業の空洞化のプロセスが加速していることがわかる。

広東省の労働者が守勢に立っているとしても、彼らは労働争議を先導してきた役割を放棄していない。たとえば世界最大のスニーカー工場、裕元《ユウ・ユエン》製靴工場で２０１４年の春に起きた大規模ストは、あらゆる意味で大きな出来事だった。まず、それは前例のない規模で４万人の工場労働者のほとんどがストに参加した。しかしもっと重要だったのは、彼らの主な要求が、数年分の未払い企業年金の問題に対応せよというものだった（法的にも年金の支払いが義務付けられている）。このことは、労働者の要求が賃金にとどまらない成熟度を示したという意味で、意義深いものであった。従業員のほとんどは、裕元で10年以上働いていた。労働者の中には40代半ばの人もいて、社会保険の問題はより切実であった。裕元は、この問題の注目度を高めるきっかけとなった感がある。しかし、社会保険が、出稼ぎ労働者を都市部で低い地位に置く、場所によって階層化された中国の市民統治体制に直接関係しているため、そうした問題の解決は、必然的に職場の枠を超える。そのため抗議のサイクルがさらに政治化する可能性がある。

読者の中には、なぜ、２０００年代初めに起きた国営企業労働者間で、もっと政治的なストに関する議論がないのかと、不思議に思う人もいるだろう。その10年以上前に、メディアや学者が次々と注目して以降、国営企業の労働者は急速に話題の外に追いやられた。しかしだからといって、これらの労働者が民営化やプレカリアート化に唯々《いい》諾々《だくだく》と従っていたわけではない。２００９年は、通化（吉林省）と林州（河南省）で鉄鋼労働者の大暴動があった年である。２０１１年には、河南省の中国石油化工集団の関連会社の油田で、労働者が賃金をめぐりストを行った。そして翌年には、雲南省の一汽ＧＭ紅塔雲南汽車の工場で、国家資産の売却に関する懸念から、労働者がストを行った。これらはほんの一例に過ぎないが、ストが２０００年代初めほど大規模でなく、頻発もせず、注目も集めていないものの、国営部門の「古い」労働者階級の間では闘いが続いていることを示している。国営部門の労働者で、一時雇用や臨時雇用の割合が増えていることで、こうした問題はまだ続くと思われる。

裕元その他のストでは、学生や知識人、そして、市民社会の支援者が以前より深く関与するようになった。近年、中国の大学では、労働運動やマルクス主義運動に関する読書グループの数が急増している。その規模に関して誇張することは避けなければならないが、労働運動に関わる学生が相当数に上ることは確かで、その多くは工場で働いている。２０１１年以降は、中国国内で労働政治に関する出版物や分析が急速に増えている。これを後押しするのがWeChat（微信《ウェイシン》）や微博《ウェイボー》（中国版ツイッター）等の新しいオンラインフォーラムだが、それはオフライン（ネットを介さない現実社会）でも行われている。

学生と労働者の実社会での連帯を示す一番良い例が、２０１４年の晩夏から秋にかけて見られた。その年の８月、広州高等教育メガセンター（大学10校が共同で開発した大学都市）の街路清掃労働者約２００人が、雇用主が別の関連会社に移ったことで、退職金の条件をめぐりストを行った。苦情の内容や抵抗の方法については他の多くのストと同様だったが、条件をいくつか調整し、学生からも幅広く参加を呼びかけた。もちろん、学生と近かったことも要因である。労働者は、以前住んでいた土地がメガセンター開発のため接収されたことで立ち退きを余儀なくされ、それによって強固な関係と、10年間の闘いの歴史を築いた。また雇用主の分割統治戦術（労働者の分断）に抵抗するため、民主的な意思決定をうまく活用した。労働者が自信を持つことで、自らの方向決定を犠牲にすることなく、学生の関与を歓迎できた。学生は連帯を求めて声を上げ（最初の投稿メッセージは30万人が読んだとされる）、物質的・精神的支援を提供するチームを組織した。複数の大学の学生数十人が食べ物を持ってきたり会報を配り、請願署名を集めてメディアへの働きかけを支援したりした。国家機関や大学当局からの報復のリスクを抱えながら、この運動が近年における労働者ストへの学生の関わりを表わす最も顕著な例となったことは確かである。

NGOがストに直接関与した例も数多くある。私たちの見解としては、NGOに労働者を代表する民主的な基盤がないことから、このことを手放しで評価できるものではない。NGOが闘いを法律の領域に絞り込もうとし、労働者の運動の高まりに足かせをはめたケースもある。それでも、ストの過程において、NGOのアドバイスが手段として有用な場合があり、このことはこれからもっと頻繁に見られるであろう。

一方、変わらないことも多くある。地方政府の利益は、資本の利益とまだ密接につながっている。「騒動」を起こす労働者は、警察の弾圧を受ける可能性が高い。団体交渉の拡大への動きがあるにもかかわらず公認労組は非民主的で、概して無力なままである。全国レベルでは、習近平総書記が信じられないほど抑圧的で超国家主義的な政治環境を促進している。そして、資本は引き続き流動性が高い。実際、裕元のストの過程で、アディダス社が発注先をベトナムに変更すると発表した。中国で政治化され、組織された労働運動を構築することの課題は軽視されるべきではない。

こうした障害にもかかわらず、中国の労働者は毎日ストを続けている。本書は、運動を構築するのに不可欠な知識を伝える重要な役割を担う。中国の外にいる私たちが、世界最大の、最も戦闘的な労働者階級からインスピレーションを得られれば幸いである。

(注)…「編者注」は日本語訳者による注

・序章

(1)「让祝融不再肆虐——广东省部署〝三资〟和乡镇企业消防安全专项治理工作」〔火事を起こすな——広東省が外資系企業、市町村、企業のために防火対策班を配備〕、『创业者』〔創業者〕1994第11期。

(2)キーワードを検索することによりこれらの大事故についての情報をウェブで入手できる。

(3)詳細については次の資料の第4部で触れられている。"How Labor-Management Conflicts have become a Social Misery: A Look Back on Developments in Labor Relations and the System for Managing Them" China Labor Bulletin.

(4)「对当前劳资纠纷的案情分析」〔現在の労使紛争ケーススタディ〕、『劳动论坛』2000年第5期、总第190期。

(5)顾万明「珠海三资企业罢工事件透视」〔珠海市の外資系企業におけるストライキの分析〕、『记者观察』〔記者視察〕、1993年第11期からの抜粋。

(6)労働法第41条によると、「雇用側の組織は生産経営の必要により、労働組合及び労働者との協議の後に労働時間を延長することができるが、原則として1日1時間を超えてはならない。特殊な原因により労働時間の延長が必要な時は、労働者の健康を保障するとの条件の下で延長する労働時間は1日3時間を超えてはならない。ただし、月に36時間を超えてはならない」。

(7) 中国語版には両方の表は掲載されていない。世界銀行のデータではもっと高い成長率を示しているが、２００７年までの成長の傾向は同じである。

(8) 深圳市最低賃金条例。

(9) 呉季「友利电工人抗争事件始末」〔ユニデン電子工場における労働者の闘争の全容〕、２０１１年６月３日、２０１１年6月３日 http://www.laborpoetry.com/forum.php?mod=viewthread&tid=310

(10)「西乡街道劳动管理办依法协调标本兼治构建和谐劳资关系」〔西郷街道労働管理事務所が労働問題を調停、傾向と根本的原因を指摘、調和のとれた労使関係を構築〕、深圳市人民代表大会ウェブサイト。

(11)「华为补偿10 亿鼓励员工辞职 以规避劳动合同法」〔華為技術は労働契約法を回避するために10億元を従業員に支払って退職させた〕、中国网〔China.com.cn〕２００７年11月２日 http://www.china.com.cn/law/txt/2007-11/02/content_9162383.htm.

(12)「沃尔玛中国裁员１１０人 劳动合同法冲击波」〔労働契約法の衝撃で中国のウォルマートが労働者１１０人を解雇〕、大洋网〔Dayoo.com〕、２００７年11月5日 http://news.dayoo.com/finance/news/2007-1/05/ntent_3128725.htm.

(13) 鄧聿文「粤企业民主管理条例征求意见 让1／3员工提出工资协商几乎不可能?」〔広東省企業民主管理条例への意見 従業員の三分の一が賃金交渉を要請するのはほぼ不可能?〕、『南方日報』２０１０年８月27日。記事は「その他の利害関係者」が多くの意見や提案を出し、その代表的なものは新法の修正を要求する「６つの懸念」である、と伝えている。

(14) 沈梅「金融风暴以来珠三角工人处境及劳资矛盾走向」〔珠江デルタ地域の労働者と労働争議：経済危機以降に見ら

れる傾向〕China Left Review、２０１０年９月14日。http://chinaleftreview.org/?p=488 を参照。

（15）「香港铸业总会：暂缓新劳动合同法实施应对经济危机」〔香港鋳物ダイカスト協会　経済危機への対応として新労働契約法の施行を延期しろ〕、２００８年11月10日。http://business.sohu.com/20081110/n260550390.shtml

（16）「东莞副市长建议放缓劳动合同法实施力度」〔東莞市副市長が労働契約法の施行延期を提案〕済南日報、２００８年11月26日。

（17）国家統計局局長馬建堂「２００９年国民经济总体回升向好」〔回復と反転に成功した２００９年の中国経済〕、国家統計局２０１０年1月21日。http://www.stats.gov.cn/tjsj/zxfb/201001/t20100121_12639.html.

（18）黄桂福、王志広「关于广州花都汽车城园区多家企业劳资纠纷的调研与思考」〔広州市花都区の企業での労使紛争の調査と考察〕、『中国労働運動』２０１０年5号。

（19）「大连停工潮7万人参与波及73家企业以工资涨34・5%告终」〔大連の波状ストライキには73工場から7万人が参加し34・5パーセントの賃上げを実現〕、『財新網』２０１０年９月19日。http://finance.ifeng.com/special/cxcmzk/20100919/2636845.shtml.

（20）「南海本田集体谈判始末」〔南海ホンダの団体交渉の全貌〕、『中国工人』２０１０年9号。

（21）同右。

（22）同（20）

（23）常凱「政府如何处理工人罢工」〔政府はストライキにいかに対処すべきか〕『財経網』２０１０年8月5日。http://caijing.com.cn/2010/-08-05/110442061.html

（24）同右。

（25）「东莞政府为倒闭玩具厂垫付欠薪引争议」〔東莞市政府がおもちゃ工場の未払い賃金を肩代わりすることを申し出た後に起こった争議〕、『南方日報』２００８年10月21日。http://city.finance.sina.com.cn/city/200/-10-21/105808.html

(26)（編者注）これは労働契約法に基づいた解雇手当の正しい計算方法である。

・第5章

(27)（編者注）6Sマネジメントは、日本で開発された職場組織手法である5S法をもとにしている。5S法はジャストインタイム生産を可能にする技術の1つで、5Sは、整理、整頓、清掃・清潔、標準化（Standardize）、習慣化（他のSの維持）を指す。これに〝安全（Safety）〟を加えたのが6Sマネジメントである。

(28)（編者注）労働契約なしで働いた期間は、賃金が倍増するという労働契約法の規定。

(29)（編者注）労働者は労働局に苦情を上げるため、これらの文書が必要だった。というのだが、文書の持ち出しは違法だと上司が示唆した。

・第8章

(30)（編者注）規制の緩い工場とは児童労働ということである。

・第9章

(31)（編者注）他のさまざまな地域と同様、深圳も2つの「区域」に分かれている。中心区域（関内）は、もともと経済特区に指定された区域で早くから開発された。1990年代初めに、ほとんどの産業が周辺区域（関外）や、さらにその外に移り始めた。

(32)（編者注）「三来一補」は、外国のパートナーが加工品と引き換えに原材料や設計、機械を供給する、広東省では一般的な企業のことを指す。

(33)（編者注）貴州省は中国で最も貧しい省の1つで、少数民族の割合も高い。

(34)（編者注）これは前の内容と矛盾しているように思える。しかし、原文（中国語）を正しく翻訳したものである。

（解説）中国における新たな労働運動の勃興とそのゆくえ

石井知章（明治大学）

はじめに――「結社の自由」が保障されない中での新たなうねり

社会主義中国の成立以来、長年停滞してきた官製労働組合運動の性格を大きく塗り変えた２０１０年春の一連のストライキは、中国における労働社会のうねりの出現を占う試金石としてこれまでもさまざまな形で議論されてきた。とりわけ、中国広東省仏山市のホンダ部品工場で２０１０年５月、１８００名余りの従業員が参加していった大規模なストライキは、たんなる「山猫ストライキ」（労働組合員の一部が、労組執行部の正式決定なしに行うストライキ）として行使されたものではなく、官製労働組合が工場内に存在するものの、この改組を非正規労働者たちが「下から」求める「合法的」労働運動として繰り広げられるという、きわめて画期的なものであった。官製労働組合とは中華全国総工会（以下、工会と略）のことであり、中国では工会以外の労働組合は認められておらず、労働者には「結社の自由」が現実には保障されていない。

本書で紹介されている工場閉鎖やロックアウトに対する闘い、および賃金の引下げに抗し、さらにその引き上げを求めるといった一連の労働者による闘いも、こうした新たなタイプの労働社会のうねりの出現によってもたらされたものである。たしかにこれらは、いずれも現在の中国における不均衡な経済構造という、現存する社会的現実を反映している。これまで過去20年余りの間、ストライキなどの労使紛争、さらに集団的抗議は、ほとんど毎日のように勃発している。その主要な原因とは、何よりもグローバリゼーションという名の過剰なまでの競争がもたらした賃金・労働条件の絶え間ない引下げであった。

２０１０年から12年にかけて実施された本書のインタビューは、ストライキの原因、過程、結果、そしてその影響のそれぞれを明らかにするべく、主として労働者自身の言葉で語ることに力点を置いている。ここに記録されているのは、そうした激しい競争によって底辺に追いやられた労働者による一連のストライキと、それを契機に次々と引き起こされた抗議活動についての生々しい体験談である。ここでは、こうした底辺労働者によって自然発生的に組織された労働組合・労働運動の制度的・社会経済的背景と今後のゆくえについて考える。

1　中国における労使関係の「市場化」のプロセス

既述のホンダのストライキに象徴される新たな形態の「非正規」労働運動を可能にしたのは、大きな流れとしてその背景にある労使関係の「市場化」である。この動きは「労働契約法」（2008年）の成立を一つの到達点とする、一連の政治・経済体制改革のプロセスのなかで進んでいった。それは大まかに、以下のような3つの段階を経ている。

第1段階は、1980年代中頃から1990年代はじめにかけてである。それは国営・国有企業改革の一部としての雇用制度改革期であると同時に、労働契約制普及のための前提条件をなす、さまざまな労働改革の試行期間でもあった。西側の資本主義国家とは異なり、社会主義市場経済体制下における中国の労使関係は、自由主義的経済の発展とともに自然発生的に形成されたのではなく、むしろ計画経済に対する政府主導の改革の一環として政策論的に築かれた。ここで労使関係の「市場化」とは、経済体制の移行期における中心的局面を含んでいるが、とりわけ80年代後半における趙紫陽《ちょうしよう》の時代には、「所有権と経営権の分離」を背景にして、労働雇用制度の改革として実施されていった。この「所有権と経営権」をめぐる政治・経済体制改革は、企業の「財産権の明確化」と「独立経営」の原則に基づき、労働雇用制度の改革に沿って進められた。それ以前の計画経済体制下における労働者とは、たんに国の財産権の一部を有する「人民」であったにすぎないが、今や労働市場において労働力を提供し、それが自由に売買される「商品」となったのである。この改革の直接的目標とは、労働力が需給の論理によって流通する一つの労働市場を創出することであり、そのうえで「市場化された」労使関係を築くことであった。

第2段階は、ポスト天安門事件期にあたる1990年代初めから2000年代初めにかけてである。それは党=国家による強力なリーダーシップの下、近代的企業制度の確立を目標としつつ、全面的改革の実施に着手された時期である。国有企業の大部分が市場化されたのにともない、これらの企業の労働者・職員は、はじめて労働市場における「被用者」となった。また同時に、数億人もの農民が農業から離れ、「農民工」として近代産業に従事するようになり、純粋に市場化された産業労働者となったのもこの時期である。

第3段階は、2000年代初めから、「労働契約法」が公布、実施された2008年までである。とりわけ、この時期に行われた「労働契約法」の公布・施行は、労使関係の「集団化」への移行の転機となった。それは中国の労働法制史において、従来の関連法を踏襲しつつ、新たな諸条件を生み出したのである。その公布・施行は、労使間の個別交渉に関する法的枠組み構築の初期段階が完了したことを示しており、かつ労使関係と団体交渉に関する起点として、労使関係の団体交渉に関する法的基盤ともなった。

2　中国における「ストライキ権」の法的位置づけ

広東省仏山市のホンダ部品工場でのストライキは、「スト権」がいまだに法的には十分に保障されていない党＝国家体制下にある中国の労働社会において発生したものであり、その特殊な社会的性格を考察するために、この法的権利をめぐる中国の法制史的再検討がその前提作業として求められる。日本を含めた西側社会では、通常、「スト権」は労働組合法や労働関係調整法などの労働法で定められているのに対し、中国における「スト権」は、一貫して憲法によって規定されている。このことは明らかに、「労農国家」たる社会主義中国独自の扱い方を物語っている。

そもそも中国の憲法は、1949年の中華人民共和国の成立以降4回にわたり制定され、それにともない「スト権」に関する規定も変化してきた。まず、1954年憲法では、「スト権」は公民の権利としては規定されず、その後1975年憲法で、「公民は言論、通信、出版、集会、結社、行進、示威、およびストライキの自由を有する」という条文として盛り込まれている。さらに1978年憲法では、「公民は言論、通信、出版、集会、結社、行進、示威およびストライキの自由並びに『大鳴、大放、大弁論、大字報』を行う権利を有する」と規定されるに至る。だが、1982年の現行憲法では、「ストライキの自由」という規定が削除され、「スト権」をめぐる法的地位は、これ以降、法的権利として明確に肯定されないものの、けっして否定されるわけでもないという、グレーゾーンに置かれることとなった。

1982年憲法から「ストライキの自由」が削除されたのは、当時の政治的背景が少なからず関係しているとされるが、だからといって、政府がこれによってストライキを禁止しているわけでもない。当時、憲法から削除された理由としては、1975年憲法に定められた「ストライキの自由」が「極左思想の産物」として、社会主義の発展の利益に相応しくなく、中国の実情に適合しないためとされている。中国の企業は人民に属しているがゆえに、ストライキによる生産の停止は、労働者階級を含む人民全体の利益の破壊であるとされた。たしかに、1975年には、まだ「左」(=保守派)の強い影響力にあったものの、中国共産党はストライキ関連の法整備に関する思想的、あるいは理論的基礎をすでにある程度は有していた。たとえば、毛沢東は1956年の『中国共産党第八期中央委員会第2回全体会議での演説』で、「労働者によるストライキ、民衆による示威を容認する。示威行為は憲法における根拠がある。今後憲法を改定するにあたり、ストライキの自由を加え、労働者によるストライキを容認することを強調したい。そうすれば、国と工場長と民衆との間の矛盾を解決するのに役立つ」と指摘しているが、こうしたいわば「鶴の一声」によって、75年憲法に「スト権」条項を盛り込むことが可能になったのである。

中国政府がストライキ行為の権利を認めていることは、中国の現行法により間接的に表現されているし、労働者の「スト権」についても関連の規定がある。2011年制定の「工会法」では、1992年「工会法」のストライキ、および職務放棄に関する規定が改定されている。これには全国人民代表大会における「経済的、社会的および文化的権利に関する国際人権規約」の批准が関係しているとされる。

改定後の「工会法」では、「企業、事業所において作業停止、職務放棄が発生した場合、工会は従業員を代表して、企業、事業所または関係方面と協議を行い、従業員の意見および要求を報告し、且つ解決のための意見を提出するものとする。企業、事業所は、従業員の合理的な要求を解決するものとする。工会は、企業、事業所が業務を適切に行い、生産および業務の秩序を早期に回復させるのに協力する」(第27条)と新たに規定されている。ここでは「作業停止」という概念が用いられているが、「作業停止」と「ストライキ」は事実上、同義である。同条文は、作業の停止、職務放棄の発生後、まず工会が従業員を代表して使用者側と協議を行い、従業員の意見および要求を報告し、さらに使用者は従業員の合理的要求を解決しなければならず、最後に工会は、生産秩序の早期回復に協力する、というステップを踏むことを求めている。

さらに重要なのは、２００1年2月に全国人民代表大会常務委員会で「経済的、社会的および文化的権利に関する国際人権規約」が批准されたことである。同規約第8条第1項（d）は、「同盟罷業（ストライキ）を打つ権利。但し、この権利は各国の法律に従って行使されることを条件とする」と規定している。中国が同規約採択の際に発表した声明では、この内容に関する保留、またはその他の特別な説明は一切行われなかった。同規約は国際法であり、同規定は中国国内法に対する効力を有するものの、その実現には中国国内における「スト権」関連の法整備が必要となる。恐らくはこの「同盟罷業をする権利」という国際法の原則に基づいて、中国政府はストライキを暗黙裡に容認しているといえるものの、同規約を中国にそのままには適用できないという難しい立場にある。しかし、中国でストライキが違法であるという結論に至れば、中国政府が国際社会で窮地に立たされることは避けられない。

たしかに、これらにおいて労働者が「スト権」を有すると規定されているわけではないが、ストライキの解決は、労働者による「スト権」の保持が前提となっていると解釈することが可能である。前掲工会法第27条においては暗に示されているだけであるとはいえ、ストライキの発生に際して求められているのは、(1)労働者・従業員の代表としての工会がその要求を使用者側に報告し、(2)使用者が労働者・従業員の合理的要求を解決し、工会が生産秩序を早期に回復させることである。しかも、前者の行為が、労働者・従業員によるストライキの「合法性」を前提にしたものであると解釈することには、それなりの「合理性」がある。なぜなら同条文は、もしストが非合法であれば、それを行った労働者・従業員をどのように処分・処罰するかを具体的に規定するにとどまり、労働側の代表としての工会が要求を提出し、さらに使用者が労働側の「合理的要求」を解決に導くように要請できなくなるからである。さらに、ストライキ状態を解決し、業務を再開することは、労働側の「合理的要求」の解決を前提としているのであり、ここでは要求の「合理性」が「合法性」を担保しているのだ、ともいえる。

こうした条文の表現の意図が、労働者・従業員によるストライキの法的保護にあることは、そのロジックの順序からも読み取れるのであり、この労働側の「合理的要求」とは、ストライキの権利を行使する労働者・従業員には、逆に「合法的要求」であることが求められる。というのも、ここでの「合理的要求」の具体的基準は、一般的には労使双方の協議により決定されるのであり、したがって、ここでの「合法性」は、この労使間協議・交渉を通して形成される「合理性」によってこそ担保されるからである。いいかえれば、ここでの「合法性」の確保には、完全に「法的」には規定しきれない、一定レベルでの「政治的」性格が残されていることになる。

3 「個別的」労使関係から「集団的」労使関係へ

既述のように、2010年春という一つの突破口を準備していた第3段階（2000~2008年）では、それが必ずしもホンダをはじめとする外資系企業のような顕著なレベルではないとはいえ、工会という社会集団を媒介とする労働者による「集団的」労使関係の構築が、とりわけ中国の労働社会において新興領域部分を占めつつあった民間・民営企業で、静かに、しかし着実に進められていた。したがって、ここには一つの「市場化」の流れとして、「個別的」労使関係から「集団的」労使関係という大きな社会的趨勢があったことが裏付けられる。

だが、「個別的」労使関係から「集団的」労使関係への移行とは、仮に市場経済における労使関係の調整に対する客観的要求であったとしても、けっして自然的過程で生じるものではなく、むしろ労使双方の駆け引きという力関係のなかでの人為的過程で生じてくるものである。その移行を促す内的要因のうち主要なものが、一人ひとりの個別の労働者というよりは、むしろ工会などの社会集団によって組織された労働者集団による、いわば「団体的」権利保護に対する「下から」の要求であることはいうまでもない。ここでは「集団的」労使関係が経済と社会のさらなる安定と持続可能な発展を促しており、良好な運営による労使間での不必要な対立の回避が、経営者にとっても団体交渉にともなう労働コスト上昇の抑制というメリットをもたらしている。

たしかに、「労働契約法」の公布は、法的責任の明確化と違法行為により発生するコストに関する規定の強化をもたらし、そのことが労働契約制度の整備と実施を大幅に促進したといえる。そのことは、労働契約の締結率が安定して上昇したことによっても裏付けられる。「労働契約法」施行以前は20%にも満たなかった労働契約締結の割合は、２００８年1月から9月にかけて93%にも達しており、それまで進行していた労働契約の短期化に対する効果的抑制につながったことは明らかである。「労働契約法」の強みは、「個別的」労使関係の交渉手段の一つとして、労働者の権利を法的に保護し、使用者の権利に対する一定レベルでの制限を目的としていることにある。これによって、「個別的」労使関係における「使用者は強く、労働者は弱い」という状況の改善を企図しているといえるが、他方、この法による「外部」からの行政的働きかけだけでは、労使関係の対等化が実現できるわけでないことも明らかである。こうした法的不備を「内部」から補うものこそ、労働者による「下から」の「集団的」労働行為であることはいうまでもない。なぜなら、労働者自身の「集団的」働きかけがあってはじめて、「法的」根拠に基づくだけでは必ずしも達成できない、労使関係の「均衡」や「自治」が可能になるからである。

たしかに、中国における政・労・使という3者構成主義の一定レベルの確立、および諸関係労働法の制定により、使用者の義務が規定されるとともに、労働者の権益が保障され、国の監督の下でより「健全なる」労使関係が築かれるようになったのは事実である。ここで労働者は、工会を設立し、使用者と団体交渉を行ったうえで、双方の権利・義務関係を交渉力で確定するよう求められていることになる。だが、そもそも日本では労働基本権として認められている労働三権（団結権、団体交渉権、団体行動権＝争議権）ですら、法的にきちんと基礎付けられていない中国の現状には、今もまったく変化は見られない。さらに、党＝国家の指導の下で労使関係を築くことが求められつつ、とりわけ安定的な大企業における中華全国総工会という官製工会は、「正規」の労働者・職員によってのみ構成されている。しかも、農民工などの「非正規」労働者は、仮に企業・職場「外」工会によって組織されたとしても、企業・職場「内」の工会からは当初から排除されやすいという差別的構造が、こうした問題の根底に横たわっているのである。

おわりに

既述のように、「労働契約法」は、多くの労働者に法的権利についての理解を深めさせ、労働者の意識に少なからぬ影響を与えていた。ここでは、市場経済における労働者としての「集団意識」が自ずと高まり、その結果、労使関係の「集団化」への移行における有力な推進力となっていった。とりわけ、インターネットや携帯電話の普及によって、若い労働者の間で「集団的」行動が容易にとれるようになったことで、労使間での対等で効果的な団体交渉が可能となり、労働者主体の団体交渉を労使の対等な関係において実現したのである。つまり、「体制外」の労働者によって自発的に行われる「集団的」行動、および法的手段による解決が、「体制内」の労働協約制度の実施を直接的に促進したことになる。

たしかに、ネット上での連帯は、すでに「工会」という組織を必要とせずに「集団的」行為を可能ならしめているものの、他方、党＝国家側は、「和諧社会」（調和の取れた社会）という名目で、労使関係の敵対的性格を隠そうとする傾向を強めている。しかも、さまざまな使用者団体の設立など、資本側には「結社の自由」が大幅に認められているものの、他方、労働側には官製工会たる中華全国総工会による独占的な「団結権」のみが許され、それ以外の労働者集団に対する「結社の自由」は認められていないのが現実だ。

だが、かつてフランスの政治思想家トクヴィルが指摘したように、ビジネスや産業に関与する「市民的結社」で小さな仕事の経験を積むなかで、やがて大きな仕事を共同で遂行する能力を身につけたとき、「市民的結社」は「政治的結社」の活動を容易にする一方、逆に「政治的結社」がこうした「市民的結社」を発展させ、完成させる可能性をもち得るのだといえる。その際、最大の鍵は、資本側と労働側とを問わず、「市民的結社」の経験を積んでいき、そのことが政府に承認された結果、自立的な「政治的結社」としての政治性がこの「市民的結社」に付与されるか否かにある。したがって、「外部」からの行政的働きかけが、「上から」の国家権力を媒介としながらも、現行法に基づく「合法的」なものとして、労働者による「政治的結社」をはたしてどこまで正当化できるかが、将来的にも問われ続けることになるであろう。

＊参考文献

・常凱「関与罷工合法性的法律分析——以南海本田罷工為案例的研究」、『戦略与管理』２０１０年（9・10）、「関与罷工的合法性及其法律規制」、『当代法学』２０１２年、第26巻第５期、「労働関係的集体化転型与政府労工政策的完善」、『中国社会科学』２０１３年第6期。
・拙稿「『工会運動』から『労働運動』への新展開——労働の非正規化と『非正規』労働運動の胎動」、『世界の労働』、２０１０年7月、および「中国における社会的対話の推進と労使紛争の解決に向けて」、『ＤＩＯ』（連合総研レポート）№２５６、２０１１年1月。
・拙書『現代中国政治と労働社会——労働者集団と民主化のゆくえ』御茶の水書房、２０１０年、および『中国社会主義国家と労働組合——中国型協商体制の形成過程』御茶の水書房、２００６年。

◉訳者あとがき

「ストライキ」という言葉に憧れていたことがある。

ストの背景には必ず耐え難い労働条件や深刻な問題があるものだが、立場の弱い労働者でも要求事項を実現できる手段だからかもしれない。

労働者が持つ最大限の抵抗の権利——。そこが輝かしく映った。

皮肉にも、憲法28条や労働組合法という宝物がある日本では、「ストライキ」という言葉は滅多に聞かない。話題に上る時は必ずと言っていいほど、労働組合の弱体化とストの発生件数が減少している現状が語られる。現に、国内のストライキ件数は2016年に66件しか記録されていない（厚生労働省平成28年労働争議統計調査）。

そんな中、2010年頃に日本の労働運動界隈で話題になったのは、中国でストライキが頻発しているというニュースだった。特に注目をあびたのは、南海ホンダの部品工場での山猫スト。さらに多国籍企業で働く底辺の労働者が、身の安全や雇用を顧みずに立ち上がっていた。中国の労働者による相次ぐ集団行動は、現地報道をウォッチしているレイバーネット日本国際部からも伝えた。

レイバーネット日本（labornet.org）は、オルタナティブ・メディアとして2000年に発足して以来、インターネット上において、国内外の情勢など特に大手メディアでは報道しづらいニュースを活字や動画（レイバーネットTV）で紹介している。国内にある草の根の運動を中心に日本語だけでなく英語でも配信する一方で、欧米だけでなく韓国や中国といった隣国の市民や労働者に注目してきた。

これまで特に、大手多国籍企業が事業展開する海外拠点（特に賃金を低く抑えられる国）の監視に力点を置き、利害が絡まない独立系メディアとして争議や労働搾取の実態を報告してきた。

日本企業から権利を侵害されている労働者が本社行動のために来日することも多く、トヨタの現地子会社で15年以上も前に発生した組合つぶし・大量不当解雇の撤回と補償を求めて今なお闘い続けているフィリピントヨタ労組や、不当解雇を闘った韓国のサンケン電気労組、ユニクロからの過重な品質要求と業務発注停止により倒産したインドネシア工場ジャバ・ガーミンドで、未払い賃金と補償を求める組合員などと連帯してきた。

こうした小さな活動の積み重ねから、本書にもあるような〝ストする中国労働者〟と交流する機会が生まれた。

発端は、広州市の中山大学で客員研究員を務め、草の根の労働運動を見守っていたアメリカ人労働運動活動家のエレン・デービッド・フリードマンさん。２０１３年1月に来日し、明治大学や法政大学で、草の根の中国労働運動の現状について講演してくれた。同年11月には、研究者や労働・市民運動活動家、レイバーネット日本のメンバーなどが広州労働研究交流に参加し、現場労働者や組合関係者との交流が実現した。広東省広州市、深圳市では、組合活動家らとの交流は言うまでもなく、本書にも出てくるような工場地域を自分たちの足でまわり、まさに肌で感じることができた。

高層マンションの陰に広がる繊維街に一歩踏み入れると、車の排気か繊維とホコリのせいか、ただ

広州市内の街頭で求人活動をする男性。他にも地面に座って看板を掲げる人があふれている（写真：筆者撮影）

気のせいか、目と喉がヒリヒリと痛み始める。

古いコンクリートの建物がひしめき合い、見上げれば複数の電線が交差する。その隙間では洗濯物が風になびく――。アパートの各部屋、各階がひとつの〝工場〟とされ、通りには布販売店やボタン製造所が並んでいるが、そのどれもが4畳ほどのスペースを有効活用していた。細長い空間には、ミシンのようなボタン製造機が3台、壁と平行に並び、労働者が壁に向かって次々と小さなボタンを形作っていく。電柱には幾重にも募集広告が破かれては貼られ、職探しをする労働者が掲示物を手にし、地べたに座り込んでいた。

工場労働者にも会った。ファストフード店で、ある若い女性労働者と落ち合い話を聞いた。彼女は賃金が低いことに相当不満を抱いているようだった。

日本の労働組合活動家の私たちからは、「団体交渉で賃上げを求める予定があるか」「組合とは話をしているのか」など基本的な質問をしたが、まるで「団交なんて時間の無駄」とでも言いたげに彼女は肩をすくめて「もっと賃金のいい工場に転職すればいい。そんなところはいくらでもある」と言った。

深圳市の工場では労災が多発しており、昼食をともにした工場労働者は、ほとんどその被害者だった。大学の講演で聞いた「切断された4万本の指」は衝撃的だった。

その2年後、私たちが視察中に見聞きした労働者の証言が、さらに深く広範囲にわたって編集され

“China on Strike”としてアメリカで出版されていた。

原著『珠三角抗争工人口述集』は中国語で執筆され２０１１年に刊行されているが、非売品で部数も限定されており、書籍として世に発表されているのは英語版のみである。統制の厳しい中国において、こうした草の根の労働運動に参加したり、まして先導するのは懲罰を受ける可能性も高いと聞く。米シカゴで開催されたレイバーノーツ大会で、本書が編者とともに紹介されていたのを見たときは、すでに日本語訳の構想を描いていた。伝えなくては、という思いからだった。

それは、安い労働力を求めて中国に群がる（多国籍）企業の劣悪な労働環境を垣間見たからだけでなく、抑圧の中でも抗いつづける中国の労働者に連帯する意味もあった。

２年というときが過ぎ、やっと形になった。この間、「解説」を書いてくださった石井知章さんには、編集作業が滞ったことも含め多大なご迷惑をおかけしたことをお詫びするとともに、中国の労働事情について重厚な寄稿をいただき、訳者一同心より感謝したい。また、彩流社編集担当の出口綾子さんには、制約が多い本書の性質についても理解していただくと同時に、本書の持つ社会的重要性を見出し、「良い本を出したい」と出版を即決してくださったことは本当にありがたい。またレイバーネット国際部のほかのメンバーにも監修でお世話になった。

最後に、不安定雇用にもかかわらず、中国の労働者のように権利を最大限行使し、ストライキによって抵抗する日本の仲間たちに敬意を表し、本書が彼女らの元気と勇気につながることを願う。

２０１８年10月　北鎌倉にて

レイバーネット日本 国際部・松元ちえ

◎編者プロフィール
・郝仁（ハオレン）
大学卒業後、2009年に広東省のNGOに勤務。退職後、工場労働者になり、活動家のネットワークを作って一連のストの聞き取りを始める。

◎訳編者プロフィール
・レイバーネット日本　国際部（レイバーネットにほんこくさいぶ）
レイバーネットは、主流メディアでは報道されにくい労働者や労働組合の闘いを紹介する市民のための媒体。「平和・協同ジャーナリスト基金賞 奨励賞」受賞（レイバーネットTV、2013年）。国際部は、企業が多国籍化する中で、市民や労働者の情報交換や国際連帯を強化することに大きく貢献してきた。
・翻訳者＝山崎精一、和田智子、岩川保久、松元ちえ

◎解説者プロフィール
・石井知章（いしい・ともあき）
共同通信社記者、ILO（国際労働機関）職員を経て、現在、明治大学商学部教授、早稲田大学大学院政治学研究科兼任講師。専門は、中国政治。主著『現代中国政治と労働社会——労働者集団と民主化のゆくえ』（御茶の水書房）他

ストする中国《ちゅうごく》
——非正規労働者《ひせいきろうどうしゃ》の闘《たたか》いと証言《しょうげん》

2018年11月17日　初版第一刷

編　者　郝仁
訳編者　レイバーネット日本 国際部 ©2018
発行者　竹内淳夫
発行所　株式会社 彩流社
〒102-0071 東京都千代田区富士見2-2-2
電話　03-3234-5931
FAX　03-3234-5932
http://www.sairyusha.co.jp/

編　集　出口綾子
装　丁　ナカグログラフ（黒瀬章夫）
印刷　明和印刷株式会社
製本　株式会社村上製本所

Printed in Japan　ISBN978-4-7791-2400-6 C0036
定価はカバーに表示してあります。乱丁・落丁本はお取り替えいたします。

本書は日本出版著作権協会（JPCA）が委託管理する著作物です。
複写（コピー）・複製、その他著作物の利用については、事前に JPCA（電話03-3812-9424、e-mail:info@jpca.jp.net）の許諾を得て下さい。なお、無断でのコピー・スキャン・デジタル化等の複製は著作権法上での例外を除き、著作権法違反となります。

《彩流社の好評既刊本》

習近平の政治思想形成
柴田哲雄望 著
978-4-7791-7052-2（16. 03）
独裁化を強めつつある中国の習近平国家主席は、中国をどこに導こうとしているのか。今後の習政権の重要な政策の理念に連なる習の思想の形成を追い、ていねいにひもとき予測する。父・習仲勲の思想との異同や毛沢東の影響も論考する。　四六判並製1900円＋税

東アジアに平和の海を　――立場のちがいを乗り越えて
前田朗・木村三浩 編著
978-4-7791-2166-1（16. 01）
竹島／独島、尖閣諸島…左右・国籍、立場の異なる論者たちが、本音をぶつけあい、議論した。日本、中国、朝鮮半島――厳しい緊張状態にあり、平和を想像することがむずかしい東アジアで、どのようなを国際関係を築いてゆくのか。　四六判上製2200円＋税

移動する朝鮮族　――エスニック・マイノリティの自己統治
権香淑 著
978-4-7791-1587-5（10. 12）
歴史的に日本と関係が深い中国・朝鮮族の移動とネットワークを、フィールド調査をもとに壮大なスケールで実証。そのネットワーク形成のダイナミズムから、平和構築に不可欠な要件を提示する。若手気鋭の研究者の著書　四六判上製3500円＋税

日中文化社会比較論　――日中相互不信の深層
河原昌一郎 著
978-4-7791-2489-1（18. 06）
中国といかに向き合うべきか。北京駐在歴のある著者が、日中関係の本質を理解するため、日中文化社会の本質的な差異を「家族と村」「民族性」「日中関係」などにより具体的に背景を明らかにしながら解明。　四六判上製2400円＋税

一句頂一万句
劉震雲 著、水野衛子 訳
978-4-7791-2381-8（17. 08）
著者の代表作にして中国で最高の文学賞の一つである茅盾文学賞受賞作！　「出延津記」「回延津記」の全後篇で70年の歳月を隔てて描かれる大河ドラマは、中国でテレビドラマ化、映画化されるほどの人気作品。　四六判上製2800円＋税

上海の日本人街・虹口　――もう一つの長崎
横山宏章 著
978-4-7791-2334-4（17. 06）
古くから長崎と上海は東シナ海を挟んだ海のゴールデン・ルートだった。上海の共同租界の一角に作られた10万人以上の日本人街には多くの長崎人が暮らしていた。日本軍の占領、そして敗戦で街はどうなったか。もうひとつの日中関係史。　四六判上製2500円＋税